Carl Bezold

Die Achämenideninschriften

Transkription des babylonischen Textes nebst Übersetzung

Carl Bezold

Die Achämenideninschriften
Transkription des babylonischen Textes nebst Übersetzung

ISBN/EAN: 9783743659155

Hergestellt in Europa, USA, Kanada, Australien, Japan

Cover: Foto ©ninafisch / pixelio.de

Weitere Bücher finden Sie auf **www.hansebooks.com**

DIE
ACHÄMENIDENINSCHRIFTEN

TRANSSCRIPTION DES BABYLONISCHEN TEXTES
NEBST ÜBERSETZUNG

TEXTKRITISCHEN ANMERKUNGEN

UND EINEM

WÖRTER- UND EIGENNAMENVERZEICHNISSE

VON

Dr. CARL BEZOLD

MIT DEM KEILSCHRIFTTEXTE DER KLEINEREN ACHÄMENIDENINSCHRIFTEN

AUTOGRAPHIRT VON PAUL HAUPT

LEIPZIG
J. C. HINRICHS'SCHE BUCHHANDLUNG
1882

Assyriologische Bibliothek
herausgegeben von
Friedrich Delitzsch und Paul Haupt.
Zweiter Band.

Druck von Hundertstund & Pries in Leipzig.

SEINEM HOCHVEREHRTEN LEHRER

HERRN PROFESSOR

DR. FRIEDRICH DELITZSCH

WIDMET DIESE ERSTLINGSARBEIT

IN TREUER DANKBARKEIT

DER VERFASSER.

VORWORT.

Das vorliegende Buch hat den Zweck, eine übersichtliche Zusammenstellung der babylonischen Übersetzung sämmtlicher trilinguen Inschriften der Achämenidenkönige in möglichster Correctheit zu geben. Seit ihrem Bekanntwerden und ihrer Entzifferung, zu welcher der Scharfsinn G. F. Grotefends den Grund legte, haben diese hochwichtigen Texte die Aufmerksamkeit der Altertumsforscher auf sich gezogen. Mit ihren ausführlichen Berichten über die Genealogie und die Kriegszüge und Bauten der persischen Könige von Cyrus bis Artaxerxes Ochus, den zahlreichen geographischen Angaben über Persien und die Nachbarländer, den Geboten zu den Göttern der altpersischen Religion und dergleichen mehr bilden sie eine wichtige Ergänzung zu den in den klassischen Schriftstellern enthaltenen Quellen über die Geschichte des alten Persiens.

Vor Allem aber sind diese Inschriften für die orientalische Sprachwissenschaft von epochemachender Bedeutung gewesen: drei Sprachen, welche dem wissenschaftlichen Gesichtskreise völlig entschwunden waren, wurden durch ihre Enträtselung zu neuem Leben erweckt. In drei nebeneinanderstehenden Columnen enthalten die Denkmäler dieselbe Inschrift in drei verschiedenen Sprachen: die erste erwies sich als die Sprache der alten Perser; in der zweiten Spalte fand man ein agglutinirendes Idiom, die Sprache der Meder, und in der dritten erkannte man eine semitische Sprache, das Babylonisch-Assyrische, das seitdem durch die Eigenartigkeit und Altertümlichkeit seiner Sprachformen, wie durch die Vielseitigkeit und Wichtigkeit seiner umfangreichen Literatur eine hervorragende Stellung unter seinen Schwestersprachen gewonnen hat.

Die Achämenideninschriften sind der Ausgangspunkt aller assyriologischen Forschung gewesen. Sie waren die ersten Texte, in welchen uns das bis dahin gänzlich unbekannt gebliebene Babylonisch-Assyrische entgegentrat, und lange Zeit hindurch blieben dieselben — wie noch heute das Altpersische und das Medische nur in diesen Inschriften vorliegt — auch die einzigen babylonisch-assyrischen Sprachdenkmäler. Erst viel später lernte man die sogenannten unilinguen Inschriften kennen, welche nur in assyrischer beziehungsweise babylonischer Sprache, ohne danebenstehende persische oder medische Übersetzung, abgefasst sind, und wiederum nach geraumer Zeit jene seither so bedeutsam gewordenen Reste der sumero-akkadischen Literatur. Ohne die Achämenideninschriften wäre die Enträtselung aller dieser Denkmäler nie möglich gewesen.

Der eigentliche Anfang der Entzifferung der babylonischen Achämenideninschriften datirt vom Jahre 1851, in welchem Sir Henry Rawlinson mit der Herausgabe und Erklärung des umfangreichsten dieser Texte, der grossen Dariusinschrift am Felsen von Behistûn, in seinem „*Memoir on the Babylonian and Assyrian Inscriptions*" (*Journal of the Royal Asiatic Society*, vol. XIV, part I; London 1851) seine bahnbrechende Tätigkeit auf dem Gebiete der Assyriologie begann. Er legte den Grund zur Entzifferung der babylonisch-assyrischen Schrift und Sprache und auf seinen Arbeiten fussend konnte dann Jules Oppert in seinem ausgezeichneten Werke „*Expédition scientifique en Mésopotamie*" (tome II, Paris 1859) es unternehmen, nicht nur die Achämenideninschriften von Neuem zu bearbeiten, sondern auch, von ihnen ausgehend, sich zu der Entzifferung jener unilinguen Texte zu wenden, deren Studium seither zu einer selbständigen und wichtigen Disciplin der semitischen Philologie geworden ist. Auch Eberhard Schrader, der „Vater der deutschen Assyriologie", wählte dann in seiner verdienstlichen Arbeit über „*Die assyrisch-babylonischen Keilinschriften*" (in der *Zeitschrift der Deutschen Morgenländischen Gesellschaft*, Band XXVI, Heft 1 und 2; Leipzig 1872) als Proben zusammenhängender babylonisch-assyrischer Sprachdenkmäler den babylonischen Text der dreisprachigen Achämenideninschriften.

Seit dem Erscheinen der Schrader'schen Abhandlung aber ist das Studium der babylonischen Achämenidentexte immer mehr und mehr in den Hintergrund getreten. Während die persischen Originaltexte von Benfey, Spiegel und Kossowicz, die medische Übersetzung von Westergaard und Norris vortrefflich herausgegeben worden sind, ist bisher eine Publication, in welcher der babylonische Text sämmtlicher Inschriften dem jetzigen Standpunkte der Wissenschaft entsprechend übersichtlich zusammengestellt wäre, noch nicht unternommen worden. Diese Lücke auszufüllen, war ich in den nachfolgenden Bogen bestrebt.

Unsere Hülfsmittel zur Erklärung der babylonischen Achämenideninschriften bestehen einerseits in der nunmehr aus andern assyrischen Texten gewonnenen Kenntniss der babylonisch-assyrischen Sprache, dann aber besonders in dem persischen Grundtexte und der medischen Übersetzung. Beide sind bei dieser Arbeit tunlichst zu Rate gezogen worden. Durch die vor Kurzem erschienene zweite Auflage von Spiegel's nützlichem Werke „*Die altpersischen Keilinschriften*" (Leipzig 1881) ist es uns leicht gemacht, die neuesten Forschungen der êrânischen Philologie für die babylonische Übersetzung zu verwerten. Spiegel's Buch überhebt uns zugleich einer Beschreibung der Fundorte der Inschriften und der Geschichte ihrer Entzifferung. Vgl. darüber besonders a. a. O. S. 75 ff. und S. 133 ff. Bei der Ergänzung der bekanntlich meist zur Hälfte der Zeilen abgebrochenen Behistûninschrift bin ich in der deutschen Übersetzung gleichfalls Spiegel gefolgt, auch habe ich die im babylonischen Texte fehlenden Eigennamen, wofern ihre babylonische Form nicht aus den kleineren Inschriften bekannt ist, nach der persischen Transscription in die Übersetzung aufgenommen.

Weit schwieriger ist es, die Resultate der Forschung auf dem Gebiete der zweiten Gattung der Achämenideninschriften, der sogenannten scythischen oder medischen Übersetzung, mit deren Erklärung sich bisher leider nur wenige Keilschriftforscher beschäftigt haben, zu benutzen. Bei Oppert's scharfsinniger neuen Bearbeitung der von Westergaard (in den „*Mémoires de la Société des Antiquaires du Nord*"; Copenhagen 1840—44) und Norris (im „*Journal of the Royal Asiatic Society*", Vol. XV, part I; London 1853) veröffentlichten Texte, welche vor drei Jahren unter dem Titel „*Le peuple et la langue des Mèdes*" erschien, sieht der Leser leider in vielen Fällen nicht ein, auf welchem Wege der Verfasser zu seinen interessanten Ergebnissen gelangt ist. In Folge dessen hielt ich es, zumal da ich eigene Studien über das Medische bisher in keiner genügenden Weise angestellt habe, für geraten, den Aufstellungen Oppert's gegenüber einige Zurückhaltung zu beobachten. Es ist im hohen Grade wünschenswert, dass auch andere Gelehrte diesem allerdings ja verhältnissmässig wenig Ausbeute versprechenden Gebiete ihre Kräfte zuwenden. Nur eine gleichmässige Durchforschung der drei verschiedenen in den Inschriften zu Tage tretenden Idiome kann die endgültige Aufklärung so mancher dunklen Stellen sowie sichere Textergänzungen und einen erschöpfenden Commentar zu der Behistûninschrift ermöglichen*).

Einer Berichtigung des Textes der Achämenideninschriften durch eine neue Vergleichung der Originale stehen unüberwindliche Hindernisse entgegen, da die Inschriften fast alle auf Felsen in Persien eingehauen sind. Über die im Britischen Museum befindlichen Papierabklatsche aber, welche Sir Henry Rawlinson, allen Schwierigkeiten trotzend, während der Jahre 1835 und 1844 in Persien angefertigt hatte, teilte mir Herr Theo. G. Pinches auf meine Anfrage im Winter 1880 gütigst mit, dass dieselben sich in einem Zustande befänden, welcher weder eine bessere Ausgabe der Behistûninschrift, als die George Smith's im dritten Bande des englischen Inschriftenwerkes, noch eine wesentliche Förderung des Textes der kleineren Achämenideninschriften erwarten liesse. Unter diesen Verhältnissen musste ich mich zunächst darauf beschränken, das Textmaterial der in den verschiedenen, zum Teil schwer zugänglichen, Publicationen zerstreuten Ausgaben möglichst vollständig zu sammeln und zu sichten.

Schon bei meiner ersten Vergleichung von Bich's („*Babylon und Persepolis*", London 1839) und Westergaard's (a. a. O.) Ausgaben mit denen von Oppert (a. a. O.) und Ménant (in dessen „*Grammaire assyrienne*", Paris 1868), welche ich im Jahre

*) Die Textergänzung eines Teiles der babylonischen Übersetzung der Behistûninschrift, sowie Beiträge zu ihrer Erklärung, jedoch ohne Berücksichtigung des Medischen, habe ich in meiner Inauguraldissertation „*Die grosse Darius-Inschrift am Felsen von Behistûn*" (Leipzig, Breitkopf & Härtel 1881) zu geben versucht.

1875 vornahm, fand ich nicht geringe Abweichungen in der Wiedergabe der einzelnen (neubabylonischen) Keilschriftzeichen. Nach Prüfung der übrigen mir zugänglichen Editionen stellte sich dann heraus, dass gerade die älteren Abschriften, vor allen Niebuhr's („*Reisebeschreibung nach Arabien*“ Band II.; Copenhagen 1778), weil ohne Verständniss des Textes aber mit grösster Sorgfalt vom Felsen copirt, bei weitem zuverlässiger sind, als besonders einige der später von Ménant veröffentlichten. Nach diesen älteren Publicationen habe ich eine möglichst genaue Transscription des Textes herzustellen gesucht und alle abweichenden Lesarten in den „textkritischen Anmerkungen“ berücksichtigt. Keiner meiner zahlreichen Vorgänger ist dabei, soviel ich weiss, unbeachtet gelassen worden. Ausdrücklich sei bemerkt, dass ich auch solche Abweichungen, welche offenbar nur auf Druckfehler zurückzuführen sind, der Vollständigkeit halber angemerkt habe. Ich musste deshalb vor Allem E. Schrader's Edition in der Zeitschrift der Deutschen Morgenländischen Gesellschaft, wo die *Trilinguen* augenscheinlich nur nach der jeweilig neuesten Ausgabe wiedergegeben sind, in vielen Punkten berichtigen. Der verdiente Gelehrte wollte in dieser Arbeit ja auch keine kritische Textausgabe liefern; seine Absicht war ausgesprochenermassen nur, der deutschen Gelehrtenwelt das Mittel der Controlle seiner Ausführungen an die Hand zu geben.

Nachdem meine Arbeit abgeschlossen und auch zum grössten Teile bereits gedruckt war, wurde es mir unerwartet durch die Munificenz der Bayrischen Regierung ermöglicht, mich auf längere Zeit nach London zu begeben, um im Britischen Museum meine orientalischen, insbesondere assyriologischen Studien fortzusetzen. Auf meine Bitte gestatteten die Herren Dr. Birch und Pinches mir mit zuvorkommender Liebenswürdigkeit, die Rawlinson'schen Papierabklatsche zu durchmustern. Mit welchen Schwierigkeiten diese Arbeit verknüpft sein würde, hatte ich freilich nicht vorausgesehn. Die *casts* der Achämenidentexte, welche, wie man sagt, lange Zeit in einem Keller Staub, Feuchtigkeit und Mäusen ausgesetzt waren, befanden sich in völlig ungeordnetem Zustande verborgen unter einer Menge Abdrücken von sechs bis sieben Hundert babylonisch-assyrischen, medischen, phönizischen und griechischen Inschriften, und leider war die mühselige Sichtung dieses Wustes nur wenig lohnend. Ausser dem vollständigen babylonischen Texte der grossen Dariusinschrift und den kleineren Inschriften von Behistûn, welche meist unter den Abklatschen der Backsteininschriften altbabylonischer Könige versteckt waren, konnte ich nur noch die Abdrücke von der babylonischen Übersetzung der Inschriften O und F ausfindig machen. Eine kleine Anzahl der persischen Grundtexte sowie eine ziemliche Menge der medischen Inschriften beschliessen, so viel ich bis jetzt sehe, die Sammlung der im Britischen Museum befindlichen Achämenidentexte. Die medischen Abklatsche sind teilweise noch sehr gut erhalten; eine genaue Prüfung derselben würde jedenfalls für unsere Kenntniss dieser bisher noch ziemlich rätselhaften Sprache von Nutzem sein.

Der Zustand der babylonischen *casts* ist nicht bei allen der gleiche, im Allgemeinen aber wenig befriedigend. Besonders bei der grossen Behistûninschrift fand ich leider die erwähnte Mitteilung Mr. Pinches' vollkommen bestätigt. Die Zeilen der einzelnen *casts*, welche durchschnittlich eine Länge von 1,76m und eine Zeichen-Höhe von 4cm haben, sind bei weitem unleserlicher geworden, als sie zur Zeit der Smith'schen Edition gewesen sein können. Meine Collation der Inschrift förderte deshalb auch keine erheblichen Resultate zu Tage.

Zeile 3 ist das letzte *a* von *agâ* ganz schwach zu erkennen. Z. 5 ist das *šu* von *šarru-šu-na* (*Sm.*) vollständig unleserlich. Z. 6 hat zwischen *pa* und *ar* in dem Namen *Paruparaʾesana* kein Zeichen gestanden. Das *nam* beziehungsweise *gi* des Namens *Nammiri* lässt sich nicht bestimmen, da nach den beiden horizontalen Keilen nur noch zwei kleine Winkel zu erkennen sind. Z. 7 ist das Zeichen *na* in dem Ideogramme KAK. NA. *pl* deutlich zu erkennen; ebenso Z. 23. 77. 83. 88 das Ideogramm TUR. KAK *pl.*; vgl. zu letzterem Pinches, *Texts* p. 6, obv. 16. Z. 8 hat zwischen *pi* und *it* von *pitḳudu* kein weiteres Zeichen gestanden. Z. 9 ist *ušazḳû* durch einen Querbruch des Papiers vollständig unleserlich geworden. Z. 13 ist von *mê-ga-ki* nur noch *me* zu erkennen. Z. 14 steht deutlich das babylonische Zeichen für *ki*; (vgl. hierzu unten S. XI, Z. 17.) Z. 15 ist zwischen dem Ideogramme des Monatsnamens *ŠE* und *šú* etwas mehr Raum als III R. bietet. Z. 20 steht am Schlusse wirklich E(BIT), was schon Schrader bei seiner Collation im Jahre 1875 bemerkte. Er sieht, wie Oppert, in dem Zeichen mit Recht eine Variante für das babylonische Zeichen *laḫ*. Z. 21 passen die erhaltenen Spuren allerdings zu *u-ma-as-sa-nu*; ebenso ist dort *u-šal-lim-ma* noch deutlich zu erkennen. Z. 28 ist der Schluss auf dem Abklatsche weggerissen; ebenso ist von Z. 30 und 31, womit der erste *cast* schliesst, auf beiden Seiten viel abgerissen. Zeile 31 glaubt Pinches vor *nâr Diḳlat* noch *nâr lu-ul-luʾ* sehen zu können; die beiden ersten Zeichen nach *ušuzzu* scheinen allerdings das Ideogramm für *nâru* zu sein, während ich das folgende *lu* nicht erkennen konnte. Z. 37 ist deutlich zu sehen, dass zwischen *ú* und *ḳu* kein weiteres Zeichen gestanden haben kann; es ist offenbar ein nach abwärts gehender Riss auf dem Felsen; dagegen hat vielleicht Z. 38 zwischen *ṣu* und *tú* von *iṣûtu* noch *u* gestanden; ebenso Z. 40 nach *par-su* noch *u*. Z. 39 ist *bat* in *aṣṣabat* vor *arki* deutlich zu erkennen. Z. 46 ist die Zahl *XXVII* deutlich zu sehen; ebenso ist Z. 51 das Zeichen nach *šanûtum* III R. genau widergegeben. Z. 52 vermochte ich das Ideogramm des Monatsnamens nicht festzustellen, Mr. Pinches' geübten Augen jedoch gelang es, darin das babylonische Zeichen für libittu „Backstein" zu erkennen, und bei näherem Zusehn überzeugte ich mich selbst, dass diese Lesung richtig ist. Z. 56 ist, worauf mich Pinches aufmerksam machte, statt IIM ziemlich deutlich XIM zu erkennen. Z. 58 sind nach dem Gottesnamen die Spuren eines Hauchlautzeichens zu erkennen. Z. 70 ist die Zahl vor *baltûtu* nicht mehr festzustellen. Z. 72 glaubte Schrader am Schlusse deutlich *mât ma-da* zu erkennen und ergänzte dies zu *ma-da-a-a*; es ist aber, wie sowol Pinches als auch ich klar sehen konnten, *mi-i*, wie III R. bietet, zu lesen; die folgenden Spuren deuten nach Pinches' Ansicht auf das Zeichen *ṣi*. Mit Zeile 77 endigt der zweite *cast*, und mit der nämlichen beginnt dann der dritte, welcher den Schluss der Inschrift enthält. Z. 86 ist nach *id-duk* allerdings nichts mehr zu sehen; es ist aber Raum genug vorhanden für das ganze Suffixum *šunûti*. Z. 87 scheint in der Tat *uṣabbitšunûti* (mit ⩲) dagestanden zu haben. Der Schlusspassus der Inschrift von Z. 95 an ist ganz besonders unleserlich geworden. Z. 98 ist das *tum* vor *kur-ri* (III R. in *outlines*) nicht zu sehen. Pinches vermutet, dass überhaupt kein Zeichen dagestanden habe, und möchte deshalb mit Schrader *šaṭ-ri* lesen. Z. 104 ist das *di* von *dinûtu* ganz sicher. Z. 105 scheint das drittletzte Zeichen wirklich *pa* zu zein, wie auch Schrader las und schon Oppert vermutete. Das letzte Zeichen von Z. 107 ist sehr undeutlich. Zeile 108, Zeichen 4 und 5 vermutet Pinches *ê. gal.* Zeile 112 hat nach *mâdu* nur *su-par* (ohne *u*) gestanden; das letzte Zeichen scheint Pinches lediglich *ma* zu sein.

Bei der „Transscription mit Zeichenabteilung" habe ich mich Friedrich Delitzsch angeschlossen. Dieselbe Art der Umschrift hat auch Dr. Wilhelm Lotz in seinem Buche „*Die Inschriften Tiglathpilesers I*" (Leipzig 1880) zur Anwendung gebracht. Die einzelnen Zeichen sind dabei durch Teilstriche geschieden und die Homophone durch Accente gekennzeichnet. Indessen kann natürlich auch eine derartige Transscription den Keilschrifttext nie ersetzen. Ich bin daher dem Rate Haupt's gefolgt, wenigstens die kleineren Achämenideninschriften nach den zuverlässigsten Ausgaben im Originaltexte beizugeben. Die Inschriften O und F sind nach den im Britischen Museum befindlichen Papierabklatschen neu copirt. Ausserdem hatte ich auch, kurz vor der Beendigung des Druckes meiner Arbeit, Gelegenheit, das dem Britischen Museum zugesandte Probeexemplar des auf Veranlassung des fünften internationalen Orientalistencongresses herausgegebenen Prachtwerkes „*Persepolis*" mit den von Dr. F. Stolze aufgenommenen Photographien der persepolitanischen Denkmäler (Band I. Berlin 1882) flüchtig einsehen zu können. Die Vergleichung der Stolze'schen Photographien von vier babylonischen Achämenideninschriften bestätigte fast durchweg meine Herstellung des Textes.

Die „Transscription mit Zeichenabteilung" war für die textkritischen Anmerkungen nicht wol zu entbehren. Jedoch gewinnen wir dabei keine Vorstellung von der assyrischen Sprache, da in der Keilschrift lange Vocale häufig defectiv geschrieben werden und vor Allem die Doppelschreibung der Consonanten, wie Haupt zuerst erkannt hat, nicht nur die Tešdidirung des betreffenden Lautes ausdrückt, sondern auch häufig nur das Zeichen der Dehnung des vorhergehenden Vocals oder der Betonung desselben ist. Deshalb wurde wenigstens der grossen Behistûninschrift ausser jener „Transscription mit Zeichenabteilung" eine zweite „zusammenhängende Transscription" vorausgeschickt und neben die Übersetzung gestellt. Haupt gebürt das Verdienst, durch eine derartige Umschrift, welche derselbe zuerst in seiner ausgezeichneten Schrift: „*Die sumerischen Familiengesetze*" (Leipzig 1879) und neuerdings auch in seiner Bearbeitung des *keilinschriftlichen Sintfluthberichtes* in E. Schrader's Buche „*Die Keilinschriften und das Alte Testament*" (2. Auflage. Giessen 1882, S. 55 ff.) in Anwendung gebracht hat, zum ersten Male ein richtiges Bild von der babylonisch-assyrischen Sprache gegeben zu haben. Ich hebe ausdrücklich hervor, dass ich auch in der Wiedergabe einzelner Keilschriftzeichen wie *h* (= خ) statt *ḫ*, *w* statt *v*, *ʼa* statt *ja* bez. *ya* und *â* statt *ai*, desgleichen in der Bezeichnung der mascul. Pluralendungen durch *-î*, *-ê*, *-û* etc. etc. dem Beispiele desselben Gelehrten gefolgt bin. Einzelne Abweichungen von Haupt's Transscription, besonders in der Ansetzung von kurzem *e* sowie auf dem Gebiete der Accentsetzung, hoffe ich demnächst an einem anderen Orte eingehender begründen zu können.

Man wird bei dieser Transscription unschwer erkennen, dass die in der babylonischen Übersetzung der Achämenideninschriften zu Tage tretende Sprache von dem Assyrisch, in welchem zum Beispiel die Inschriften Tiglathpileser's I., Sanherib's und Asarhaddon's oder der keilinschriftliche Sintfluthbericht abgefasst sind, ganz erheblich abweicht. In der Formenlehre lassen sich verschiedene Veränderungen und Neubildungen nachweisen. Neben der gewöhnlichen Pluralendung der Nomina auf *-âti*, femin. *-âti* finden wir in mehreren Beispielen Formen mit *u* oder *a* im Auslaute, *-âtu, -âta*; *-âtu, -âta*, zum Beispiel: *amêlûtu* (pl!), *tabbanâtu, isâtu, baltâtu, madâtu, mahrâtu, nikrûtu, šanâtu; parṣâtu; mâgidâta; lišânâta*; neben der Pluralendung *-âni* auch *-ânu*, zum Beispiel *salmânu* „Bilder". Es liegen hier wahrscheinlich Analogiebildungen nach der Abstractbildung auf *ûtu*, die vielleicht alle von einem Worte, wie *amêlûtu* „Menschheit" ausgegangen sind, vor. Ähnlich dürften auch die von dem gewöhnlichen Assyrisch abweichenden Pluralformen der Demonstrativpronomina *agânûtu, agânêtu, ullûtu, annûtu* (neben *annûti*), *annêtu* (neben *annêti*) und das Verbalsuffix *-šunûtu*, femin. *-šinâtu* (mit der historischen Schreibweise des mittleren *â* neben phonetischem *-šinêti* bez. *-šinâti*) aufzufassen sein. Beachtenswert ist ferner die Femininform *rûkuti* neben *rûktu, rûkti*. Auch beim Verbum sind mancherlei Schwankungen der auslautenden Vocale zu beobachten. Neben der gewöhnlichen vollen Pluralendung auf *-âni* erscheint ebenfalls ein *u* im Auslaute; zum Beispiel *indšûnu, usabbitûnu, itûrûnu* neben *iphurûni*. Ferner wechselt der auslautende *U*-Vocal des Verbums, welcher in gutem Assyrisch im Relativsatze steht, zuweilen mit *i* oder *a* (vgl. *tammari* neben *immaru; uparrasi* neben *uparrasu; iddina* neben *iddinu*). In einzelnen Fällen fehlt derselbe auch ganz; zum Beispiel B, 6: *ša bîta agâ êpuš* und II, 21 22, (auch 24?): *ša anakû êpuš*.

Im Wortschatze finden wir, wie in allen babylonisch-assyrischen so auch in unseren Texten, eine Anzahl Hinweise auf den uralten Einfluss des nichtsemitischen Idioms der sumero-akkadischen Sprache. Statt des semitischen *êli* „auf, über", welches merkwürdiger Weise in den Achämenideninschriften gar nicht vorkommt, tritt regelmässig *muhhû* (aus akkad. *mug*, „Oberteil") auf. Auch *gabbi* „all, insgesammt" statt des semitischen *kâlu* möchte ich für ein akkadisches Lehnwort halten; gegen LOTZ, a. a. O. S. 169. Ebenso geht wol auch das bekannte *kakkaru* „Erdboden" auf ein akkad. *gaggar, gagar* („Land, Erde", was unvollständige Reduplication (vgl. PAUL HAUPT, „*Die sumerisch-akkadische Sprache*", Berlin 1882, Anm. 35) der Wurzel *gar* „Feld" zu sein scheint, zurück. Es führt darauf einmal die eigentümliche Schreibweise *GAG. GAR*, welche ebenso wie *ŠUR. MAN* und *GU. ŠUR* nur scheinbar eine Status-constructus-Form ist, sodann aber besonders ein (bisher noch nicht registrirtes) vierspaltiges neubabylonisches Syllabar, welches am 27. Juli 1881 in das Britische Museum kam. Dort lautet Zeile 11 der Vorderseite nach meiner Copie:

GA. GAR KI | *ki-ku-û* | *kak-ka-ru.*

Das Ideogramm für „Erde, Land" wurde demnach im Akkadischen auch *gagar* gelesen. Hingegen vermag ich die Lesung von *ukû* „Volk" (aus akkad. *uku*) im Babylonisch-Assyrischen noch nicht anzunehmen, so lange das Wort nicht auch sonst in zusammenhängenden Texten belegbar ist.

Die erwähnten Lehnwörter sind die einzigen, welche sich in den Achämenidentexten finden. Dagegen treffen wir mehrere neue Wörter, welche in den früheren Inschriften nicht vorkommen; nicht selten ist auch nur eine leichte Verschiebung der Bedeutung zu constatiren. Besondere Hervorhebung verdient hier das Demonstrativpronomen *agâ* „dieser“, das bisher nur in neubabylonischen Texten nachgewiesen ist; vgl. dazu auch die soeben erschienene ausgezeichnete neubabylonische Chrestomathie von Theo. G. Pinches, „*Texts in the Babylonian Wedge-writing*“, Part I., pl. 8; K. 828, Obv. l. 6 und 16; auch K. 94, Rev. 13bis u. ö. Bemerkenswert ist auch *attû'a*, pl: *attûnû* (mit auslautendem langen *û*!) als Possessivsuffix der ersten Person, sowie *nadânu* in der Bedeutung „schaffen“ (in den älteren Texten nur, wie hebr. נתן, „geben“) statt des gewöhnlichen *banû*. Für den Gebrauch von *anakû* „ich“ als Casus obliquus, sowie der Partikel *ana* für *ina* und *ina* für *ana* und *itti* vgl. das Wörterverzeichniss. Persische Lehnwörter finden sich auffallender Weise in der babylonischen Übersetzung der Achämenideninschriften gar nicht. Mit *U'isadâ'i* und *Apadan* hat es eine besondere Bewandtniss.

Ebensowenig zeigt sich in der Wortfügung Einwirkung des Persischen. Dagegen weist die zu Tage tretende Lockerung der strengen altsemitischen Regeln des Satzbaues deutlich auf die im Laufe der Jahrhunderte vor sich gegangene Weiterentwicklung und Zersetzung der babylonisch-assyrischen Sprache hin. Die Rection des Verbums verliert an Kraft und wird durch eine Partikel *ana*, welche sowol zum Ausdruck des näheren wie des ferneren Objectes dient, vermittelt; die Genetivverbindung der Nomina tritt aus der älteren Status-constructus-Rection zunächst über in die Verbindung durch eine Genetivpartikel, *ša*, woran sich schliesslich eine dem Syrischen entsprechende Construction mit anticipirten pronominalem Elemente reiht: „der Sohn des Cyrus“ heisst sowohl *apil Kuraš* als *aplu ša Kuraš* als auch *apilšu ša Kuraš*. Die Wortstellung nähert sich durch den immer häufiger vorangesetzten Genetiv, sowie auch den vorangesetzten Objectsatz, der nachher durch ein Suffixum aufgenommen wird, ganz der äthiopischen; vgl. für den vorausgestellten Genetiv NR. kl. 2 und NR. 28; für den vorangestellten Objectssatz K. 12 ff.

Was die Aussprache der einzelnen Laute anbelangt, so lässt sich darüber mit Sicherheit noch kein endgültiges Urteil fällen, zumal da die uns überkommenen Denkmäler deutlich den Widerstreit der früheren historischen Schreibweise mit der allmählich überhandnehmenden phonetischen Schreibung aufzeigen. Einigen Aufschluss über die Consonanten dürften bei eingehenden Untersuchungen die Transcription der persischen Eigennamen in der babylonischen Übersetzung bieten, für welche sich im Allgemeinen folgende Regeln aufstellen lassen.

Pers. *k* wird durch babyl. *k* widergegeben; das *ḫ* in dem Namen *Siḫi'ubâti* scheint unter dem Einfluss des folgenden *i*-Vocales zu stehen, das *g* in *Zaranga* und *U'marga* von dem vorhergehenden Consonanten beeinflusst zu sein. Pers. *kh* wird durch babyl. *ḫ* wiedergegeben mit den Ausnahmen: *Artakhsahatrâ* = *Artakšatsu* und *Uvakhshatara* = *Umakuištar*. Pers. *g* wird durch babyl. *g* wiedergegeben, mit den Ausnahmen: *Tigrâ* = *Diḳlat* (ein ursprünglich babylonischer Name!), *Asagarta* = *Iskartâ'a* und *Gaubaruva* = *Kûbara*. Pers. c erscheint im Babylonischen als *š*, bisweilen auch als *ṣ* (*Nabukudracara* = *Nabûkudurri'uṣur*). Vgl. dazu die interessanten Bemerkungen J. OLSHAUSEN's „*Über die Umgestaltung einiger semitischer Ortsnamen bei den Griechen*“ in den „*Monatsberichten der Akademie der Wissenschaften*“ zu Berlin; 1879, S. 565 f. Ebenso möchte ich auch für pers. *Maciya* babyl. *Maṣû* ansetzen. Der Übergang von *š* in *s* nach *t* in *Artakšatsu* hat nichts Auffallendes. Pers. *j* entspricht babyl. *z*; pers. *t* wird im Babylonischen zu *t*, bisweilen auch zu *ṭ*; vgl. *Putiya* = *Pûṭa*, wonach vielleicht auch *Pâtishuvari* = *Piṭišhûriš* zu lesen ist. Die Ausnahmen *Nabunita* = *Nabûnâ'id* und *Tigrâ* = *Diklat* erklären sich durch die ursprünglich babylonische Lautform dieser Worte. Pers. *th* wird im Anlaute zu *s* (vgl. *Satagû(š)*, *Suḫra*), im Inlaute zu *t*; eine Ausnahme bildet das ursprünglich babylonische *Aššur* (= pers. *Athurâ*). Über die Wiedergabe des von SPIEGEL *tr̆* umschriebenen Zeichens lässt sich zur Zeit bei den wenigen Beispielen (*Atr̆ina* = *Ašina*, *Artakhshatr̆â* = *Artakšatsu*, *Citr̆antakhma* = *Šit(i)rantaḫma*) keine Regel aufstellen. Pers. *d* wird zu babyl. *d*, in der Endung *ardiya* zu *z*; vgl. *Artavardiya* = *Artamarzia* und *Bardiya* = *Barzia*. Höchst wahrscheinlich haben wir deshalb auch die Namen *Arakadri* und *Kamapad* mit *d* anzusetzen; der Name *Miṣir* (pers. *Mudraya*) „Ägypten“ ist semitischen Ursprungs, während *Ardakhcasha* = *Arta*..... und *Dâduhya* = *Zâtû* vorläufig unerklärt bleiben müssen. Pers. *p* und pers. *f* erscheint im Babylonischen als *p*; daher ist auch wohl babyl. *Kamapad* zu lesen. Pers. *b* entspricht babyl. *b*. Pers. *n* wird im Babylonischen regelmässig durch *n* widergegeben; deshalb wird auch umgekehrt das *n* von *Kundur* in das persische *Kudurush* einzusetzen sein, während *Agamatânu* auf ein persisches *Hagmatâna* ohne *n* (griech. Ἀγβάτανα) hinweist. Die herkömmliche Etymologie von *han* + *gma* dürfte demnach aufzugeben sein. Pers. *m* erscheint im Babylonischen als *m*; pers. *y* wird teils zu *i*, teils als „Stütze des vorhergehenden *i*“ in der babylonischen Transscription ganz unberücksichtigt gelassen. Pers. *r* wird im Babylonischen zu *r*, während das *r* babylonischer Lehnwörter im Persischen bisweilen als *l* erscheint; vgl. *Arbirâ* = *Arbâ'il*, *Tigra* = *Diklat*, *Naditabira* = *Nidintubêl*, *Bâbiru* = *Bâbilu*. Pers. *l* ist im Babylonischen nicht zu belegen; pers. *v* wird im Anlaut zu *û*; im Inlaute entspricht im Babyl. gewöhnlich *m*, seltener *b* oder *û* (vgl. *Patishuvari* = *Piṭišḫûriš*, *Humavarka* = *Umûrga*, und *Sikayanvâti* = *Sikĭubâti*); im Auslaute bleibt es unbezeichnet oder verlängert wahrscheinlich den auslautenden Vocal, (sodass also im Babylonischen *Kûbarâ*, *Partû* etc. anzusetzen sein wird). Die Wiedergabe des pers. *Harauvâti* durch babyl. *Aruḫati* vermag ich nicht zu erklären. Pers. *s* erscheint im Babylonischen als *s*; daher ist wohl auch *Iskartâ'a*, *Aspašina*, *Uispara*, *Uštaspa* und *Iskuduru* mit *s* anzusetzen. Pers. *sh* wird im Babylonischen durch *š* widergegeben; im Auslaut wird es bald bezeichnet, bald weggelassen (vgl. babyl. *Satagûšu* neben *Satagû*, *Ardimaniš* neben *Arakadri*, *Kundur* etc. etc.). Der Reflex von pers. *z* im Babylonischen lässt sich nicht sicher bestimmen, da das *z* in *Zaranga*, *Zazânu* ja allenfalls auch *ṣ* gelesen werden könnte. Wahrscheinlich sind diese Wörter aber mit *z* anzusetzen; ebenso dürfte wohl auch *Aḫuramazda*, *Ḫumarizmu* und *Umizdâtu* mit *z* gesprochen worden sein. Pers. *h* endlich bleibt im Anlaute im Babylonischen unbezeichnet; im Inlaute schwankt die Wiedergabe zwischen *m*, *š*, *ḫ* oder einem langem Vocale; vgl. *Vahayazdâta* = *Umizdâtu*, *Vahauka* = *Ušuḫku*, *Anahata* = *Anaḫitu* und *Dâduhya* = *Zâtû*.

Diesen Bemerkungen über die Wiedergabe und Aussprache der persischen Consonanten bei den Babyloniern der Achämenidenzeit könnte ich ähnliche über das Verhältniss der Vocale zu einander in beiden Sprachen anreihen; indess ist hier zu derartigen Untersuchungen nicht der Ort. Ich habe bei der Wiedergabe der Eigennamen im Texte auch absichtlich jedwede Formulirung der Lautformen der Namen vermieden. Dies ist erst nach erneuter Prüfung der medischen Eigennamen möglich. Allen denjenigen Forschern und Kritikern aber, welche noch immer mit der gerühmten „Skepsis“ an die Lectüre jeder assyriologischen Publication herantreten, dürften die obenstehenden Bemerkungen die beste Gelegenheit bieten, die babylonisch-persischen Eigennamen und damit die Grundlage aller assyriologischen Forschung selbst von Neuem zu prüfen. Wir unsrerseits sind der festen Überzeugung, dass, ungeachtet der mannigfachen bei diesen Studien zu Tage tretenden Discrepanzen in der Wiedergabe der persischen Laute durch babylonische und umgekehrt, an der Tatsache der richtigen Eruirung des Lautbestandes der assyrisch-babylonischen Sprache nimmermehr gerüttelt werden kann. Die Lesung der einfachen Sylbenzeichen *ba, bi, bu*; *ab, ib, ub* etc. ist heutzutage ebenso sicher wie die der äthiopischen Sylbenzeichen በ, ቢ, ቡ etc.; die Lesung der Zischlaute *za* und *ṣa* bei weitem nicht so zweifelhaft wie die der äthiopischen ሠ, ሰ und ዘ; die Längenbezeichnung der Vocale aber wird bei der von Haupt eingeführten Methode der Transscription in kurzem zu allseitig gesicherten Resultaten führen, und somit die Assyriologie sich den übrigen semitologischen Disciplinen, wie dem Studium der aramäischen und kanaanäischen Idiome, gar bald als gleichberechtigte Schwester zur Seite stellen dürfen. Wenn diese meine Erstlingsarbeit etwas zur Erreichung dieses Zieles beitragen könnte, so wäre das die schönste Belohnung meiner in den nachfolgenden Seiten niedergelegten Studien.

Ich erfülle schliesslich die angenehme Pflicht, der Münchener königlichen Hof- und Staatsbibliothek wie den Beamten im Oriental Department des Britischen Museums für ihre bereitwillige Unterstützung mit den oft seltenen Editionen und den Originaldenkmälern meinen verbindlichsten Dank auszusprechen, insbesondere meinem verehrten Freunde Pinches für die Collation einer Reihe von dunklen Stellen in der grossen Behistûninschrift mit den Papierabklatschen Rawlinson's. Meinem hochverehrten Lehrer, Herrn Professor Friedrich Delitzsch verdanke ich einige wichtige Ratschläge in Bezug auf die Anlage der Arbeit, sowie die Richtigstellung einiger Punkte in der deutschen Übersetzung. Ganz besonders verpflichtet aber bin ich meinem wertgeschätzten und verehrten Freunde Paul Haupt, ohne dessen Unterstützung mit Rat und Tat das Zustandekommen des Buches wohl nicht sobald ermöglicht worden wäre. Er hat sich nicht nur der Mühe unterzogen, als Redakteur das ganze Manuscript durchzusehen und für den Druck fertig zu machen und dabei mehrere Zusätze und Verbesserungen angebracht, sondern auch den Druck selbst mit aufopfernder Sorgfalt überwacht, endlich auch die Güte gehabt, das Autographiren der Keilschrifttexte der kleineren Achämenideninschriften am Schlusse des Buches sowie eine zweite genauere Vergleichung meiner Texte mit den Stolze'schen Photographien in dem Prachtwerke „*Persepolis*" für mich zu übernehmen. Ich spreche beiden Gelehrten hierfür öffentlich meinen aufrichtigen Dank für ihre Bemühungen aus.

London, den 17. Juli 1882. C. B.

INHALT.

Seite

Die grosse Dariusinschrift am Felsen von Behistûn 1—28

Zusammenhängende Transscription des babylonischen Textes 2—22

Übersetzung mit Ergänzungen nach dem persischen Grundtexte 3—23

Anhang: Transscription mit Zeichenabteilung 24—28

Die kleineren Inschriften der Achämeniden 29—47

Verzeichniss der Inschriften und der benutzten Editionen 30—31

Transscription des babylonischen Textes der kleineren Inschriften 32—46

Übersetzung der kleineren Inschriften 33—47

I. Cyrusinschrift *M* 32—33

II. Siegelinschrift des Darius *Sgl* 32—33

II.bis Dariusinschrift von Kerman *KR* 32—33

III. Die neun kleineren Inschriften von Behistûn *Beh. kl.* 32—35

IV. Die grosse Naqs-i-Rustam-Inschrift *NR* 34—37

V. Die drei kleineren Inschriften von Naqs-i-Rustam *NR kl.* 36—37

VI. Persepolis-Inschrift *B* 36—37

VII. Inschrift von Hamadan *O* 36—37

VIII. Fensterinschrift *L* 36—37

IX. Persepolis-Inschrift *H* 38—29

X. Persepolisinschrift *G* 38—39

XI. Xerxesinschrift *D* 38—41

XII. Xerxesinschrift *E* 40—41

XIII. Persepolisinschrift *Ca* 40—41

XIV. Persepolisinschrift *Cb* 40—43

XV. Inschrift von Elvend *F* 42—43

XVI. Xerxesinschrift von Wan *K* 42—45

XVII. Inschrift von Artaxerxes Mnemon *S* 44—45

XVIII. Bruchstück einer Inschrift des Artaxerxes Mnemon *Sb* 44—47

XIX. Inschrift Artaxerxes I. (Bruchstück) *Lest* 46—47

XX. Venediger Inschrift *Q* 46—47

Wörterverzeichniss 48—56

Eigennamenverzeichniss 57—58

Textkritische Anmerkungen 59—77

Keilschrifttexte der kleineren Achämenideninschriften 79—96

Nachträge und Berichtigungen.

Seite 2, Zeile 9 der grossen Behistûninschrift lies statt *dênâtu*: *dinâtu* mit *i*; ebenso S. 20, Z. 104. — S. 4, Z. 18 lies statt *attûnu*: *attûnû* mit auslautendem langen *û*, ebenso S. 6, Z. 27 und 28; vgl. das Wörterverzeichniss, S. 50 unter *attû'a*. — S. 4, Z. 19 lies statt *ânu*: *ânû* mit langem *û*, ebenso S. 49 im Wörterverzeichniss; vgl. dazu PINCHES, *Texts*, p. 8, K. 831, Rev. 8. — S. 6. Z. 37 liess statt *Nabûkudurri'uṣur*: *Nabûkudurrî'uṣur* mit langem *î*; ebenso S. 16, Z. 85; vgl. dazu FRIEDRICH DELITZSCH's Bemerkungen in MÜRDTER's *Geschichte Babyloniens und Assyriens*, S. 279 und in S. BAER's neuer Ausgabe der *Libri Danielis Ezrae et Nehemiae* (Lipsiae 1882), p. XI. — S. 10, Z. 52 lies statt *araḫ Tišriti* gemäss PINCHES' neuer Prüfung des Papierabklatsches: *araḫ Simâni*: ebenso S. 26, Z. 52 statt *arḫu tišritu*: *arḫu simanu*. Danach ist dann auch Nr. 134 der textkritischen Anmerkungen zu modificiren. Vgl. auch S. IX, Z. 28 und S. 53 unter ס. — S. 12, Z. 60 lies statt *imaruš*: *imarûš* mit langem *û*. — S. 24, Z. 3 ff. sind in der Transscription der Behistûninschrift mit Zeichenabteilung die III R. in *outlines* stehenden Zeichen nicht besonders hervorgehoben worden. Dieselben scheinen Ergänzungen von SMITH darzustellen und wären daher besser in [ ] eingeschlossen worden. Es sind: Z. 3 [*a-ni-ni*]; Z. 36 *ni*-[*te-pu-šu*]; Z. 37 *m ilu nabu*-[*kudurru*]-*uṣur*; Z. 38 *ni*-[*te*]-*pu-šu*; Z. 40 *m*[*da*]-*ri-i'a*-[*muš*]; Z. 41 [*gi*- bezw. *nam*]-*mi-ri*: Z. 42 hinter *šarru matu*: [*élâmat*]: Z. 43 [*m pa*]-*ar-ú-mar-ti-iš*; Z. 44 am Anfange [*matu ma-da*]-*a-a*; Z. 63 *ar*-[*ba*]-*'-il*; Z. 83 [*iṣ*]-*bat-su*; Z. 98 [*i-su-u*] und [*tam*]-*kur-ri*; Z. 104 [*di*]-*na-a-tu*; Z. 110 *m*[*u-iz*]-*pa-ru-'*. — S. 25, Z. 29 wird die Conjectur in Nr. 60 der textkritischen Anmerkungen (S. 64, Z 20) bestätigt. Die Variante des Zeichens *laḫ*, welche bereits J. OPPERT erkannt hat, findet sich auch bei PINCHES, *Texts*, p. 9, K. 831, left hand edge, l. 2 sowie auf dem unveröffentlichten Fragmente K. 2924 + K. 2919, Rev. 14. Sie ist in PINCHES' *Sign-list* bei Nr. 117 nachzutragen. — S. 26, Z. 56 lies statt *uṣ-ṣab-bi-tu*: *uṣ-ṣab-bi-tú*. — S. 32, lies am Schlusse von I. M. statt *m A-ḫa-man-niš-ši-'*: *m A-ḫa-ma-niš-ši-'*, ferner bei Nr. 5 statt *ana-ku*: *a-na-ku* und bei Nr. 7 statt *Ú-mi-iz-da-tu*: *Ú-mi-iz-da-a-tú* und statt *a-na-ku*: *ana-ku*. — S. 34, Z. 10 statt *i-na-aš-šu-nu*: *i-na-aš-šú-nu*. — S. 34, Z. 13 statt *A-ru-ḫa-at-ti*: *A-ru-ḫa-at-ti-'* mit א im Auslaute. — S. 34, Z. 18 statt *Pu-u-ṭa*: *Pu-ú-ṭa*. — S. 34, Z. 26 statt *a-mu-ru* (OPPERT): *a-mu-ur*. — S. 36, Z. 29 statt *mat-su*: *mâti-šu*. — Zu S. 36, Z. 36 vgl. die Ergänzung des Schlusses der Inschrift von OPPERT in seinen „*Mélanges Perses*" in der *Revue de Linguistique et de Philologie comparée*, tome IV, Paris 1870, p. 221. Ich habe erst im Britischen Museum Gelegenheit gehabt, diese Schrift einzusehen; OPPERT's Ausführungen zu Folge wäre zu lesen: *uruḫ sa* [*isarti la*] *tumassera lapanisu ana yana ḫablu tasuru* d. i. „viae quae justitiae, ne cedas ab ea ad nullum scelus eas". — S. 40, Nr. XII, Z. 5 lies statt *nap-ḫa-ar* (OPPERT): *nap-ḫa-ri*. — S. 40, Nr. XIII, Z. 4 füge nach *šarrâni* hinzu: *pl*. — S. 42, Nr. XVI, Z. 3 lies statt *id-din-na*: *id-di-na*. — S. 44, Nr. XVI, Z. 13 füge nach *abu-ú-a* hinzu: *at-tu-ú-a*. — S. 48 unter *aḫu* „Bruder" lies statt *aḫušu*: *aḫušu*; in der folgenden Zeile statt *aḫullu'a*, *aḫullâ'a*: *aḫûllu'â*, *aḫûllâ'a*; vgl. PAUL HAUPT, *Die sumerisch-akkadische Sprache*, Berlin 1882. Anm. 37, sowie das unveröffentlichte neubabylonische Vocabular K. 2918, Obv. 2, wo *aḫû* „Seite" plene *a-ḫu-u* geschrieben wird. — Zu *ištên* „eins" auf S. 50 vgl. den soeben erschienenen Part III des Vol. VII der *Transactions of the Society of Biblical Archaeology*, London 1882, p. 371. Wenn die Schreibung *ê-iš-tin* (SAYCE) wirklich vorkommt, so muss natürlich *êštên* statt *ištên* gelesen werden.

— —

I.

DIE GROSSE DARIUSINSCHRIFT

AM FELSEN VON BEHISTUN.

Transscription.

1. . . . .
Ahamaniš šar kiššat (?) amêlûti Parsâ šar Parsû. Dâri'âmuš šarru ki'âm iḳâbî attû'a abû'a Uštazpi abu ša Uštazpi
2. . . . . Ari'aramna abu ša Ari'aramna Šišpiš abu ša Šišpiš Aḫamaniš. Dâri'âmuš šarru ki'âm iḳâbî ana libbi agâ
3. . . . . anini ultu abû (?) zêruni šarrâni šunu. Dâri'âmuš šarru ki'âm iḳâbî VIII ina libbi zêrî'a attû'a ina pânatû'a šarrûtu itêpšû
4. . . . . iḳâbî ina ṣilli ša Ûrimizda anakû šarru Ûrimizda šarrûtu anakû iddanu. Dâri'âmuš šarru ki'âm iḳâbî agâ
5. . . . .
šarrušina âtûr Parsû Êlâmat Bâbîlu Aššur Arabi Miṣir ina Marrati Sapardu l'âmanu
6. Arêmu Ḫumarizmu Baḫtar Sugdu Parupara'esana Nammiri Satagû
7. . . . .
agânêtu mâtâti ša anakû išêmâ'înî ina ṣilli ša Ûrimizda ana anakû gallû itûrûnu mandatta
8. . . . .
ana šâšu êpušû. Dâri'âmuš šarru ki'âm iḳâbî ina birît mâtâti agânêtu amêlu pitḳudu ana šâšu
9. . . . .
ina ṣilli ša Ûrimizda dênâtu attû'a ina birît mâtâti agânêtu ušazḳû (?) ša lapânî'a attû'a
10. . . . . ki'âm iḳâbî Ûrimizda šarrûtû'a iddanu Ûrimizda issî dannu adî muḫḫiša šarrûtu agâta
11. . . . .
anakû kitnušu (?). Dâri'âmuš šarru ki'âm iḳâbî agâ ša anakû êpušu ina ṣilli ša Ûrimizda arkiša ana šarri âtûru

Übersetzung.

1. *Ich, Darius, der grosse König, der König der Könige, der König der Länder (?),* der Achämenide; König der Schar (?) der Menschen, ein Perser, König von Persien. So spricht Darius der König: Mein Vater (ist) Uštazpi, der Vater des Uštazpi
2. *(war) Arshâma, der Vater des Arshâma* Ariaramna, der Vater des Ariaramna Šišpiš, der Vater des Šišpiš (war) Ahamaniš. So spricht Darius der König: Darum
3. *werden wir Achämeniden genannt, von Alters her sind* wir *erprobt,* von Alters her (?) waren unsere Sprossen Könige. So spricht Darius der König: acht in mitten meiner Familie übten vor mir die Königsherrschaft aus.
4. *ich bin der neunte, je gesondert sind wir Könige. So* spricht *Darius der König:* Im Schutze Ormuzd's (bin) ich König, Ormuzd gab mir die Königsherrschaft. So spricht Darius der König: Dies
5. *(sind) die Provinzen, welche sich mir unterwarfen, durch die Macht Ormuzd's* wurde ich ihr König: Persien, Elam, Babylon, Assyrien, Arabien, Aegypten, die am Meere, Sapardu, Ionien,
6. *Medien, Armenien, Cappadocien, Parthien, Drangiana,* Arêmu, Chorasmia, Baktrien, Sogdiana, Paruparaësana, die Nammiri, die Sattagyden,
7. *Arachosien und Maka, im Ganzen 23 Länder. So spricht Darius der König:* Dieses (sind) die Länder, welche mir gehorchten, im Schutze Ormuzd's wurden sie mir dienstbar, Tribut
8. *brachten sie mir, was ihnen von mir befohlen ward, bei Nacht und bei Tag,* das taten sie. So spricht Darius der König: Innerhalb dieser Länder — einen tüchtigen Mann, den
9. *habe ich wohl beschützt, wer feindlich war, den habe ich schwer bestraft.* Im Schutze Ormuzd's wurden meine Gesetze innerhalb dieser Länder vollführt (?), was vor mir
10. *ihnen befohlen ward, wurde getan.* So spricht *Darius der König:* Ormuzd gab (mir) meine Königsherrschaft, Ormuzd (war) mein starker Beistand, bis dass diese Herrschaft
11. *in Besitz genommen wurde: durch die Gnade Ormuzd's ist dieses Reich* mir unterworfen (?). So spricht Darius der König: Das ist's, was ich getan habe im Schutze Ormuzd's, nachdem ich zum König geworden war.

12\. . . . . šû
agannu ana šarri itûr ša Kambuzi'a agâšû aḫušu
Barzi'a ištên abušunu ištênit (?) ummušunu

13\. . . . . Kambuzi'a idûku ana Barzi'a
ana niši ul ? ša Barzi'a dîki
arki Kambuzi'a ana Miṣir

14\. . . . . Miṣir italku arki nišu libbê bîšû
ittaškan arki parṣâtu ina mâtâti lû mâdu imêdû ina Parsû ina Mâdû

15\. . . . .
. . . . . . ultu Pišiḫumadu
Arakatri šadû šumšu ultu libbi
ûmi XIV. ša araḫ Adari šû ana

16\. . . . . Kambuzi'a arki
nišu gabbi lapâni Kambuzi'a ittêkrû ana muḫḫišu italkû Parsû Mâdû

17\. . . . .
. . . . iṣabat arki Kambuzi'a
mitûtu ramânišu mîti. Dâri'âmuš šarru ki'âm iḳâbî

18\. . . . . ultu abû
attûnu ša zêruni ši arki Gumâtu agâšû Magûšu
šarrûtu ana

19\. . . . .
. . . . šû ana šarri itûr. Dâri'âmuš šarru
ki'âm iḳâbî manma ânu

20\. . . . .
Gumâtu agâšû Magûšu šarrûtu êkimu nišu mâdu
lapânišu iptalaḫ

21\. . . . .
. . . . lâ
umassanû (?) ša lâ Barzi'a anakû apilšu ša Kuraš manma ul išallima (?)
ina muḫḫi

22\. . . . . arki anakû Ûrimizda uṣalâ Ûrimizda
issî dannu ina ṣilli ša Ûrimizda

23\. . . . .
agâšû Magûšu u amêlûti ? ša ittišu
ina ali Siḫi'ubati ina mâti Nisâ šumšu. ša ina
Mâdâ

24\. . . . .
. . . . . . Ûrimizda šarrûtu anakû iddanu. Dâri'âmuš šarru
ki'âm iḳâbî šarrûtu ša lapâni

25\. . . . ultazziz

12. *Einer, Kambuzia mit Namen, der Sohn des Kuraš, von unserer Familie,* der war hier (vorher zum) König geworden. Dieses Kambuzia Bruder (war) Barzia; sie (hatten) einen (und denselben) Vater (und) eine (und dieselbe) Mutter.
13. *Darauf tödtete Kambuzia jenen Barzia. Als* Kambuzia den Barzia getödtet hatte, da (hatte) das Volk keine Kunde (?), dass Barzia getödtet worden sei. Darauf *ging* Kambuzia nach Ägypten.
14. *Als Kambuzia nach* Ägypten gezogen war, da wurde das Volk bösen Herzens, darauf wurden der Lügen gewaltige viele in den Ländern, in Persien, in Medien
15. *und auch in den übrigen Provinzen. So spricht Darius der König: Da war ein Mann, ein Mager, Gumâtu mit Namen, der lehnte sich auf* von Pišihumadu — einem Berge, Arakatri mit Namen — von dort aus (lehnte er sich auf) am 14. Tage des Monats Adar. Er *log* die
16. *Leute an: „Ich bin Barzia, Sohn des Kurâš, Bruder des* Kambuzia". Darauf fiel das ganze Volk von Kambuzia ab (und) trat zu jenem über, Persien, Medien
17. *und die übrigen Provinzen. Er ergriff die Herrschaft: im Monate Garmapada, am neunten Tage, da war es, da* ergriff er *die Herrschaft.* Darauf starb Kambuzia durch Selbstmord. So spricht Darius der König:
18. *Diese Herrschaft, die Gumâtu der Mager dem Kambuzia wegnahm,* sie gehörte von unsern Vätern her unserer Familie. Dann nahm dieser Gumâtu der Mager die Herrschaft dem
19. *Kambuzia, sowohl Persien als Medien als auch die übrigen Provinzen; er handelte nach eigenem Willen,* er wurde (zum) König. So spricht Darius der König: Es (war) Niemand,
20. *weder ein Perser noch ein Meder, noch Jemand von unserer Familie, der* diesem Gumâtu dem Mager die Herrschaft entrissen hätte; das Volk fürchtete sich sehr vor ihm
21. *wegen seiner Grausamkeit, er möchte (sonst) viele Leute tödten, die den früheren Barzia gekannt hatten, deswegen möchte er die Leute tödten, „damit* sie nicht erkennen (?), dass ich nicht Barzia, der Sohn des Kuraš, (bin)". Niemand erwähnte (?) (etwas) über
22. *Gumâtu den Mager, bis ich kam.* Dann betete ich zu Ormuzd, Ormuzd (war) mein starker Beistand, im Schutze Ormuzd's
23. *tödtete ich im Monate Bâgayâdish, am zehnten Tage, mit wenigen Männern* diesen *Gumâtu* den Mager und die Männer . ? ., welche bei ihm (waren). In einer Stadt Sihiubati in einem Lande, Nisâ mit Namen, welches in Medien (liegt),
24. *dort tödtete ich ihn, ich nahm ihm die Herrschaft ab, durch die Gnade Ormuzd's wurde ich König,* Ormuzd gab mir die Herrschaft. So spricht Darius der König: Die Herrschaft, die von
25. *unserer Familie hinweggenommen war, stellte ich wieder her,* ich stellte *sie an*

anakû etèpušu bîtâti ša ilâni ša Gumâtu agâšû Magûšu ibbulu ? anakû

26\. . . . . Gumâtu agâšû Magûšu èkimušunûtu anakû nišu ina ašrišu ultazziz Parsû Mâdâ

27\. . . . . ina silli ša Ûrimizda agâ anakû etèpuš anakû uptèkid adi muhhiša bîtu attûnu ina ašrišu

28\. . . . . ina ṣilli ša Ûrimizda libbûša Gumâtu agâšû Magûšu bîtu attûnu lâ iššû. Dâri'âmuš

29\. . . . . Dâri'âmuš šarru ki'âm iḳâbî âlaku anakû ádûku ana Gumâtu Magûšu arki amèlu

30\. . . . . itbâma iḳâbi umma anakû šar Èlámat arki Èlámû ittèkrû lapânî'a

31\. . . . . Nidintubèl šumšu apilšu ša Aniri šû ina Bâbili itbâma ana niši ipáraṣ umma anakû

32\. . . . . ittèmil (?) Bâbîlu ittêkir šarrûtu Bâbili iṣabat. Dâri'âmuš šarru ki'âm iḳâbî

33\. . . . . ádûkšu. Dâri'âmuš šarru ki'âm iḳâbî arki anakû ana Bâbîli álikma ana muḫḫi

34\. ša Nidintubèl ina muhhi kèlè (?) ušuzzû (?) ana (?) kullû (?) Diḳlat malè (?) arki anakû nišu

35\. . . . . Ûrimizda issî dannu ina ṣilli ša Ûrimizda Diḳlat nitèbir ádûku

36\. . . . ûmi XXVI. ša araḫ Kislimi ṣeltu nitèpušu . . . . iḳâbî arki anakû ana Bâbili atalak ana Bâbili lâ kašâdu ina ali Zazanu šumšu ša kišâd Purâti

37\. . ša iḳâbû umma anakû Nabûkudurri'uṣur . . . . arki ṣaltu nitèpušu Ûrimizda issî dannu ina ṣilli ša Ûrimizda nišu ša Nidintubèl

ihren Platz. ich tat es. Die Häuser der Götter, welche dieser Gumâtu der Mager zerstört hatte, ich

26. *bewahrte sie dem Volke, die Weideplätze (?), die Heerden, die Wohnungen je nach Clanen, was* dieser Gumâtu der Mager ihnen weggenommen hatte. Ich brachte das Volk zurecht, Persien, Medien

27. *und die andern Provinzen. Wie es früher war, so brachte ich das, was hinweggebracht war, wieder her:* im Schutze Ormuzd's habe ich das getan, ich habe gewirkt, bis dass ich unser Haus (wieder) an seinen Platz

28. *gestellt hatte; wie es früher war, so bewirkte ich es wieder* im Schutze Ormuzd's, damals als dieser Gumâtu der Mager unser Haus noch nicht weggenommen hatte. Darius

29. *der König spricht also: Dies ist's was ich tat, als ich König war.* So spricht Darius der König: Ich ging hin (und) tödtete Gumâtu den Mager. Darauf war ein Mann,

30. *Ašina mit Namen, ein Sohn Upadaranmas, der* lehnte sich *in Susiana* auf, indem er also sprach: „Ich bin König von Elam“. Darauf fielen die Elamiter von mir ab,

31. *sie gingen zu jenem Ašina über, er war König in Susiana. Ferner war ein Mann, ein Babylonier,* Nidintubêl mit Namen, der Sohn des Aniri, der lehnte sich in Babylon auf, indem er das Volk also belog: „Ich (bin)

32. *Nebukadnezar, der Sohn des Nabonid“. Dann* ging *das babylonische Volk ganz zu jenem Nidintubêl* über (?), Babylon fiel ab, er ergriff die Herrschaft von Babylon. So spricht Darius der König:

33. *Darauf schickte ich (ein Heer) nach Susiana, jener Ašina wurde gebunden zu mir hergeführt,* ich tödtete ihn. So spricht Darius der König: Darauf zog ich nach Babylon und entgegen

34. *jenem Nidintubêl, der sich Nebukadnezar nannte. Das Heer* des Nidintubêl war auf Schiffen (?) aufgestellt (?), die (?) Ufer (?) des Tigris füllten sie (?). Darauf (warf ich) ein Heer

35. *auf . . . . . . Ich machte einen Teil von . . . . . getragen und brachte . . . . . eines Teiles.* Ormuzd (war) mein starker Beistand, im Schutze des Ormuzd überschritten wir den Tigris, ich schlug

36. *dort das Heer des Nidintubêl.* Am 26. Tage des Monats Kislev lieferten wir die Schlacht. *So* spricht *Darius der König:* Darauf zog ich nach Babylon. Als Babylon (noch) nicht erreicht war, da (war) in eine Stadt, Zazanu mit Namen, am Ufer des Euphrat

37. *jener Nidintubêl,* der so gesprochen hatte „Ich (bin) Nebukadnezar“, *mit dem Heere gegangen, um gegen mich eine Schlacht zu liefern.* Darauf lieferten wir eine Schlacht, Ormuzd (war) mein starker Beistand, im Schutze des Ormuzd (schlug ich) das Heer des Nidintubêl.

38. . . . . ṣalti nitêpušu ûmi . . . . Dâri'âmuš šarru ki'âm iḳâbî arki Nidintubêl agâšû ina ṣâbê iṣûtu êli'â (?) ša

39. . . . . atalak ina ṣilli ša Ûrimizda Bâbila aṣabat u Nidintubêl aṣabat arki anakû ina Bâbili ana

40. . . . . Dâri'âmuš . . . . âtûru annâtu mâtâti ša ikkirâ'inî Parsû Êlâmat Mâdâ Aššur

41. . . . Satagû Nammiri . . . . Marti'a šumšu apilšu ša Šinšaḫriš ina ali Kugunaka ina Parsû âšib šû ina Êlâmat itbâma

42. . . . Imanisi šar . . . . ana Marti'a agâšû ša ina muḫḫišunu rabû ina râmânišunu idûkûšu. Dâri'âmuš šarru

43. . . . . Parumartiš . . . . umma anakû Ḫašatrîti zêru ša Umaku'ištar arki nišu ša Mâdâ mala ina bîti lapâni'a

44. . . . . Mâdâ . . . . arki anakû niša altapar ana Mâdâ Umidarna šumšu gallâ Parsâ ana

45. . . . . Umidarna itti niši italak ana Mâdâ ana kašâdu ina ali Maru šumšu ša ina Mâdâ

46. . . . . ina ṣilli ša Ûrimizda nišu attû'a idûkû ana nikrûtu agâšunu ûmi XXVII. ša araḫ Ṭebêti ṣeltu itêpšû

47. ša ina Mâdâ ina libbi idâgalû pâni'a adî muḫḫiša anakû alaku ana Mâdâ

48. . . . . nîš nikrûtu ša lâ išemû'ini dûkušunûtu

49. . .

38. *Ein Teil wurde in das Wasser getrieben, das Wasser riss ihn fort.* Wir lieferten die Schlacht am *zweiten* Tage *des Monats Anâmaka.* So spricht Darius der König: Darauf (ging) dieser Nidintubêl mit wenigen Soldaten, die auf (Rossen) ritten,

39. *nach Babylon; dann* ging ich *nach Babylon,* im Schutze Ormuzd's nahm ich Babylon ein und den Nidintubêl gefangen, hierauf (tödtete) ich in Babylon den

40. *Nidintubêl.* Darius *der König spricht also: Während* ich *in Babylon* war, (waren es) diese Länder, welche von mir abfielen: Persien, Elam, Medien, Assyrien,

41. *Armenien (?), Parthien, Margu,* die Sattagyden, die Nammiri. *So spricht Darius der König: Es war ein Mann,* Martia mit Namen, der Sohn des Šinšaḫriš, welcher in einer Stadt, Kugunaka (mit Namen), wohnte; der lehnte sich in Elam auf,

42. *also sprach er zu den Leuten: „Ich bin* Imanisi, König *von Elam". So spricht Darius der König: Damals war ich nahe bei Susiana, da wurden die Susianer von mir (erschreckt), die Einwohner von Susiana ergriffen* diesen Martia, welcher über sie der Oberste (war), sie selbst tödteten ihn. Darius der König

43. *spricht also: Es war ein Mann* Parumartiš *mit Namen, ein Meder, dieser lehnte sich auf in Medien, er sagte zu den Leuten* also: „Ich (bin) Ḫašatrîti, ein Sprosse des Umakuištar". Darauf (wurde) das Volk von Medien, soviel im Hause (war), von mir

44. *abtrünnig, es ging zu jenem Parumartiš über, er war König in* Medien. *So spricht Darius der König: Das persische und medische Heer, das bei mir war, war klein,* darauf entsandte ich ein Heer nach Medien; Umidarna mit Namen, (meinen) Diener, einen Perser, den

45. *machte ich zu ihrem Obersten, also sagte ich ihnen: Ziehet hin und schlaget jenes medische Heer, das sich nicht mein nennt. Darauf* zog Umidarna mit dem Heere nach Medien. Beim Eintreffen in einer Stadt, Maru mit Namen, welche in Medien (liegt),

46. *lieferte er dort eine Schlacht mit den Medern. Der, welcher der Oberste bei den Medern war, hielt nicht aus, Ormuzd brachte mir Beistand,* im Schutze des Ormuzd schlug mein Heer diese Rebellen. Am 27. Tage des Monates Tebêt lieferten sie die Schlacht.

47. *Es ist eine Gegend, mit Namen Kampada,* welche in Medien (liegt), dort warteten sie auf mich, bis dass ich nach Medien kam.

48. *So spricht Darius der König: Dadaršu mit Namen, einen Armenier, meinen Diener, den schickte ich darauf nach Armenien, so sprach ich zu ihm: Ziehe hin und* schlage das Heer der Rebellen, die mir nicht gehorchen.

49. *Darauf zog Dadaršu fort; als er nach Armenien kam, da sammelten sich die*

. . . . ana epêšu taḫaza arki Dardaršu ṣaltu ittišunu itêpuš ina ali Zûzu šumšu ina Uraštu

50. . . . . nikrûtu ipḫurûníma italkû ana tarṣi Dadaršu ana epêšu taḫaza arki itêpšû ṣaltu

51. . . . . ṣaltu ídûkû ina libbišunu DXLVI u balṭûtu uṣabbitûnu DXX arki ina šanîtu III. nikrûtu

52. . . . . ina ṣilli ša Ûrimizda nišu attû'a ana nikrûtu ídûkû ûmi IX. ša araḫ Tišriti (?) itêpšû ṣaltu

53. . . . . Dâri'â-muš šarru ki'âm iḳâbî Umisi šumšu gallâ Parsâ ana Uraštu

54. . . . . nikrûtu ipḫurûníma italkû ana tarṣi Umisu ana epêš taḫaza arki itêpšû ṣaltu

55. . . . . ídûkû . ina libbišunu IIMXXIV ina šanîti II. nikrûtu ipḫurûníma illikû ana tarṣi Umisi ana epêš taḫaza

56. . . . . ana nikrûtu ídûkû ûmi XXX. ša araḫ Aru itêpšû ṣaltu ídûkû ina libbišunu IIMXLV u balṭûtu uṣabbitû IIMDLIX

57. . . . . ana Mâdâ ana kašâdi ana Mâdâ ina ali Kundur šumšu ina Mâdâ

58. . . . . . Ûrimizda

aufrührerischen und zogen gegen den Dadaršu, um eine Schlacht zu liefern. Darauf lieferte Dadaršu ihnen die Schlacht in einer Stadt, Zûzu mit Namen, in Armenien.

50. *Ormuzd brachte mir Beistand, durch die Gnade Ormuzd's schlug mein Heer jenes aufrührerische Heer gar sehr. Am sechsten (?) Tage des Monats Thuravâhara da war es, da wurde ihnen die Schlacht geliefert. (So spricht Darius der König:) Zum zweiten Male* sammelten sich die Rebellen und zogen gegen den Dadaršu, um eine Schlacht zu liefern. Darauf lieferten sie die Schlacht

51. *bei einer Feste mit Namen Tigra in Armenien. Ormuzd brachte mir Beistand, durch die Gnade des Ormuzd schlug mein Heer jenes aufrührerische Heer gar sehr. Am 18. Tage des Monats Thuravâhara da war es, da lieferten sie* die Schlacht. Sie tödteten unter ihnen 546 und nahmen 520 lebendig gefangen. Darauf (sammelten sich) zum dritten Male die Rebellen

52. *und zogen gegen den Dadaršu, um eine Schlacht zu liefern. Es giebt eine Feste in Armenien, Uhyâma mit Namen, dort lieferten sie die Schlacht. Ormuzd brachte mir Beistand,* im Schutze des Ormuzd schlug mein Heer die Rebellen. Am 9. Tage des Monats Tischri (?) lieferten sie die Schlacht.

53. *Dort wartete Dadaršu so lange auf mich, bis ich nach Medien kam.* So spricht Darius der König: Umisi mit Namen, (meinen) Diener, einen Perser, (den schickte ich) nach Armenien,

54. *also sprach ich zu ihm: Ziehe hin und schlage jenes aufrührerische Heer, das sich nicht mein nennt. Darauf zog Umisi aus; als er nach Armenien kam, da* sammelten sich die Rebellen und zogen aus gegen Umisu, um eine Schlacht zu liefern. Darauf lieferten sie die Schlacht

55. *in einer Gegend, (Atcitu) mit Namen, in Assyrien. Ormuzd brachte mir Beistand, durch die Gnade Ormuzd's schlug mein Heer jenes aufrührerische Heer gar sehr. Am 15. Tage des Monats Anâmaka, da war es, da wurde ihnen die Schlacht geliefert.* Sie tödteten unter ihnen 2024. Zum zweiten Male sammelten sich die Rebellen und zogen aus gegen Umisi, um eine Schlacht zu liefern.

56. *Es ist eine Gegend, Autiyâra mit Namen, in Armenien, dort lieferten sie die Schlacht. Ormuzd brachte mir Beistand, durch die Gnade des Ormuzd* schlug *mein Heer* die Rebellen. Am 30. Tage des Monats Ijjar lieferten sie die Schlacht. Sie tödteten unter ihnen 2045 und nahmen 2559 lebendig gefangen.

57. *Dort wartete dann Umisu auf mich so lange in Armenien, bis ich nach Medien kam. So spricht Darius der König: Darauf ging ich aus Babylon heraus und zog* nach Medien. Bei meinem Eintreffen in Medien (war) nach einer Stadt, Kundur mit Namen, in Medien

58. *jener Parumartiš, der sich König in Medien nannte, gegen mich mit dem Heere gezogen, um eine Schlacht zu liefern. Darauf lieferten wir eine Schlacht,* Ormuzd

issî dannu ina ṣilli ša Ûramizda nišu ša Parumartiš

59\. . . . .

. . . . iṣê eli'â (?) ša sisê aṣâma illikma ina mâti Raga šumšu ina Mâdâ arki anakû nišu

60\. . . . .

. . . .

. . . . nišu gabbi ímaruš arki ina zakîpi ina Agamatanu altakanšu

61\. . . . .

. . . .

. . . . ikâbî ana niši umma anakû šarru zêru ša Umaku'ištar arki anakû nišu Mâdâ

62\. . . . . .

.

. . . .

. . . . . itti Šitrantaḫma êpušu Ûramizda issî dannu ina ṣilli ša Ûramizda

63\. . . . .

. . . . .

. . . .

nišu gabbi ímarûšu arki ina Arbâ'il ina zakîpi aškunšu napḫar dîkê u balṭû

64\. . . . . .

. . . .

. . . . Parumartiš Uštazpi abû'a ina Partû âšibma

65\. . . . .

. . . .

. . . . Ûramizda issî dannu ina ṣilli ša Ûramizda Uštazpi idûk ana nikrûtu agâšunu ûmi XXII.

66\. . . . .

. . . .

arkiša nišu ana muḫḫi Uštazpi iksudû Uštazpi nišu šu'ati

67\. . . . .

(war) mein starker Beistand, im Schutze des Ormuzd (schlug ich) das Heer des Parumartiš.

59. *Am 26. Tage des Monats Adukani da war es, da lieferten wir die Schlacht. So spricht Darius der König: Darauf* zog *jener Parumartiš mit* wenigen Reitern aus und kam in ein Land, Raga mit Namen, in Medien. Darauf (sandte) ich ein Heer

60. *gegen diese, Parumartiš wurde ergriffen und zu mir geführt, ich schnitt ihm Nase, Ohren und Zunge ab, ich stach ihm die Augen aus. an meinem Hofe wurde er gefesselt gehalten*, alles Volk sah ihn. Dann liess ich ihn in Ekbatana kreuzigen;

61. *die Männer. die seine vorzüglichsten Anhänger waren, setzte ich in Ekbatana in die Feste gefangen. So spricht Darius der König: Ein Mann, Šitrantaḫma mit Namen, aus Sagartien, wurde mir abtrünnig*, er sprach zu den Leuten also: „Ich (bin) König, Sprosse des Umakuištar". Darauf (schickte) ich ein medisches Heer (aus),

62. *Takhmaspâda mit Namen, ein Meder, war mein Diener, ihn machte ich zum Obersten über sie, also sprach ich zu ihnen: Ziehet hin, schlaget das aufrührerische Heer, das sich nicht mein nennt. Darauf zog Takhmaspâda mit dem Heere aus und* lieferte *eine Schlacht* mit Šitrantaḫma; Ormuzd (war) mein starker Beistand. im Schutze des Ormuzd

63. *schlug mein Heer das aufrührerische Heer gar sehr. und es ergriff den Šitrantaḫma und führte ihn her zu mir, darauf schnitt ich ihm die Nase und die Ohren ab und stach ihm die Augen aus. an meinem Hofe wurde er gefesselt gehalten.* alles Volk sah ihn; dann kreuzigte ich ihn in Arbela. Die Gesammtheit der Todten und Lebendigen

64. . . . . *So spricht Darius der König: Dies ist es, was ich getan habe in Medien. So spricht Darius der König: Die Parther und Hyrkanier wurden von mir abtrünnig und schlugen sich zu* Parumartiš. . . Uštazpi, mein Vater, wohnte in Parthien,

65. *ihn verliessen die Leute und empörten sich. Da nahm Uštazpi die Leute, welche zu ihm hielten, und zog aus. Es ist eine Stadt, Vispauzatish mit Namen. in Parthien, dort wurde eine Schlacht mit den Aufständischen geliefert.* Ormuzd (war) mein starker Beistand, im Schutze des Ormuzd schlug Uštazpi diese Rebellen. Am 22. Tage des

66. *Monats Vigakhna da war es. da wurde die Schlacht geliefert. So spricht Darius der König: Darauf schickte ich ein persisches Heer zu Uštazpi von Raga aus.* Nachdem das Heer zu Uštazpi gestossen war, (führte?) Uštazpi dieses Heer

67. *fort. Es giebt eine Stadt, Patigrabana mit Namen, in Parthien, da lieferte er eine Schlacht mit den Aufrührern. Ormuzd brachte mir Beistand, durch die Gnade des Ormuzd schlug Uštazpi jenes aufrührerische Heer gar sehr. Am ersten Tage*

.... itêpšû šaltu ídûkû
ina libbišunu VIMDLXX u balṭûtu uṣabbit IVMCXCII
68. .... Dâri'âmuš šarru
ki'âm iḳâbî mâtu Margu šumšu ikkirânîma amêlu
Parada šumšu
69. . . . . .

....
arki Dadaršu italak itti niši itêpšû šaltu itti
Margumâ
70. . . . .

.... ina libbišunu IVMIICIII
u balṭûtu uṣabbit VIMDLXXII. Dâri'âmuš šarru ki'âm
71. . . . .

.... šumšu ina
Parsû âšib šû itbâma ina Parsû iḳâbî ana niši
72. . . .

.... Dâri'âmuš šarru
ki'âm iḳâbî arki anakû nišu ša Parsû ?
73. . . . . .

.... nišu ša Parsû itti'a italkû
Mâdâ arki Artamarzi'a itti niši
74. . .

itêpšû ṣaltu Ûramazda issî dannu ina ṣilli
ša Ûramazda
75.

...... Ûmizdâtu agâšû itti niši iṣê eli'à (?) ša sisû
illikma ana
76. .

.... Ûramazda issî
dannu ina ṣilli ša Ûramazda nišu attâ'a ídûkû ana niši ša Umizdâti
77. .

des Monats Garmapada, da war es, da lieferten sie die Schlacht. Sie tödteten unter ihnen 6570 und nahmen 4192 lebendig gefangen.

68. *So spricht Darius der König: Darauf war die Provinz mein.* So spricht Darius der König: Ein Land, Margu mit Namen, fiel von mir ab, und einen Mann, Parada mit Namen,

69. *aus Margu, den machten sie zum Obersten. Darauf sandte ich meinen Diener, Dadaršu mit Namen, einen Perser, Satrapen in Baktrien, gegen ihn, also sprach ich zu ihm: Ziehe aus und schlage das Heer, das sich nicht mein nennt.* Darauf zog Dadaršu mit dem Heere aus, sie (?) lieferten eine Schlacht mit den Margumiten;

70. *Ormuzd brachte mir Beistand, durch die Gnade Ormuzd's schlug mein Heer jenes feindliche Heer gar sehr. Am 23. Tage des Monats Atriyâdia da war es, da wurde ihnen die Schlacht geliefert. Er (?) tödtete* unter ihnen 4203 und lebendig nahm er 6572 gefangen. Darius der König also

71. *spricht er: Darauf war die Provinz mein. Dies ist's, was ich getan habe in Baktrien. So spricht Darius der König: Es war ein Mann, Umizdâtu mit Namen, der in einer Stadt, Namens Târavâ, in einer Gegend, Yutiyâ* mit Namen, in Persien wohnte; der lehnte sich in Persien auf, er sagte zu den Leuten

72. *also: „Ich bin Barzia, der Sohn des Kuraš". Darauf verliess das persische Volk, das in den Clanen war, die Weideplätze (?). Es wurde von mir abtrünnig, es ging zu Umizdâtu über, er war König in Persien.* So spricht Darius der König: Darauf (schickte) ich das Heer von Persien . . ? . .

73. *aus, das bei mir war. Es ist ein Perser, Namens Artamarzia, mein Diener, ihn machte ich zu ihrem Obersten. Das übrige* Heer von Persien zog mit mir nach Medien. Dann zog Artamarzia mit dem Heere

74. *nach Persien. Als er nach Persien gekommen war, da ist eine Stadt mit Namen Rakhâ in Persien, dahin war jener Umizdâ'u, der sich Barzia nannte, mit dem Heere gezogen, gegen Artamarzia, um eine Schlacht zu liefern. Darauf* lieferten sie die Schlacht. Ormuzd (war) mein starker Beistand, im Schutze des Ormuzd

75. *schlug mein Heer jenes Heer des Umizdâtu gar sehr. Am 12. des Monats Thuravâhara, da war es, da wurde ihnen die Schlacht geliefert. So spricht Darius der König: Darauf* zog dieser Umizdâtu mit wenigen berittenen Leuten aus und nach

76. *Pišiyumadu, von dort war er mit einem Heere noch ein anderes Mal gegen den Artamarzia gezogen, um eine Schlacht zu liefern. Es giebt einen Berg, Paraga mit Namen, dort lieferten sie die Schlacht,* Ormuzd (war) mein starker Beistand, im Schutze des Ormuzd schlug mein Heer das Heer des Umizdâtu.

77. *Am 6. Tage des Monats Garmapada, da war es, da wurde ihnen die Schlacht geliefert, und sie ergriffen den Umizdâtu, und die Männer, die seine vornehmsten*

. . . . Dâri'âmuš šarru ki'âm iķâbi arki anakû Umizdâtu agâšû u amêlûti ? ša ittišu gabbi ina zakîpi

78\. . . . . Parsû altapušu. Dâri'âmuš šarru ki'âm iķâbi

79\. . . . . Aruḫati umma alkama Umimana dûka u ana

80\. . . . . itêpšû ṣaltu Ûramazda issî dannu ina ṣilli ša Ûramazda nišu

81\. . . . . itêpšû ṣaltu Ûramizda issî dannu ina ṣilli ša Ûramazda

82\. . . . . arki amêlu agâšû ina libbišu niši rabû ša Umizdâtu išpuru itti niši

83\. . . . . işbatsu idûkšu u amêlûti ? ša ittišu idûk napḫar dikû u balṭû ša niši

84\. . . . . Aruḫati êpušu. Dâri'âmuš šarru ki'âm iķâbi adî muḫḫiša anakû ina Parsû u Mâdû

85\. . . . . niši ša Bâbîli umma anakû Nabûkudurri'uṣur apilšu ša Nabûnâ'id arki nišu ša Bâbîli lapâni'a

86\. . . . . altapar umma alikma dûku ana niš nikrûtu

87\. . .

Anhänger waren, ergriffen sie auch. So spricht Darius der König: Darauf (liess) ich diesen Umizdâtu und die Männer . ? . . welche bei ihm (waren), alle an's Kreuz

78. *schlagen. In Uvâdaidaya mit Namen, einer Stadt in* Persien, habe ich (es) getan. So spricht Darius der König:

79. *Jener Umizdâtu, der sich Barzia nannte, schickte ein Heer nach Arachosien gegen einen Perser, Umimana mit Namen, meinen Diener, Satrapen in* Arachosien, (indem er) also (sprach): Ziehe hin und schlage den Umimana und das

80. *Heer, welches sich das des Königs Darius nennt. Darauf zog das Heer, welches Umizdâtu geschickt hatte, hin zu Umimana, um eine Schlacht zu liefern. Es giebt eine Feste, Kâpishakânish mit Namen, dort* lieferten sie die Schlacht. Ormuzd (war) mein starker Beistand, im Schutze des Ormuzd (schlug mein) Heer

81. *das aufrührerische Heer gar sehr. Am 13. Tage des Monats Anâmaka da war es, da wurde ihnen die Schlacht geliefert. So spricht Darius der König: Zum anderen Male sammelten sich darauf die Aufrührerischen und zogen aus gegen Umimana, um eine Schlacht zu liefern. Es giebt eine Gegend Gandutava mit Namen, dort* lieferten sie die Schlacht. Ormuzd (war) mein starker Beistand, im Schutze des Ormuzd

82. *schlug mein Heer das aufrührerische Heer gar sehr. Am siebenten Tage des Monats Viyakhna da war es, da wurde ihnen die Schlacht geliefert. So spricht Darius der König:* Darauf (zog) dieser Mann, der Oberste in dem Heere, das Umizdâtu geschickt hatte, mit dem Heere

83. *(mit wenigen Reitern) fort. Es giebt eine Feste, Arshâdâ mit Namen, in Arachosien, da zog er dagegen. Darauf folgte ihm Umimana mit dem Heere auf den Fusse nach, dort* ergriff er ihn, tödtete ihn, und die Männer . ? ., die bei ihm waren, tödtete er auch. Die Gesammtheit der Todten und Lebendigen des Heeres

84. . . . . . *So spricht Darius der König: Dies ist es, was ich in* Arachosien getan habe. So spricht Darius der König: Während ich in Persien und Medien

85. *war, da wurden zum zweiten Male die Babylonier von mir abtrünnig. Ein Mann, Arahu mit Namen, ein Armenier, Sohn des Haldita, der lehnte sich auf. Es ist eine Gegend in Babylon mit Namen Dubâla, von dort aus lehnte er sich auf, er belog das* Volk von Babylon also: „Ich (bin) Nebukadnezar, der Sohn des Nabonid". Darauf wurde das Volk von Babylon von mir

86. *abtrünnig und ging zu jenem Arahu über, er nahm Babylon ein, er war König in Babylon. So spricht Darius der König: Darauf schickte ich ein Heer nach Babylon. Vindafrâ mit Namen, einen Meder, meinen Diener, den machte ich zum Obersten,* ich entsandte (ihn, indem ich) also (sprach:) Ziehe hin und schlage das Heer der Rebellen,

87. *Darauf zog Vindafrâ mit dem Heere nach Babylon. Ormuzd brachte mir*

. . . . ana
niši ša Bâbîli nikrûtu idûk . uṣabbitšunûtu nišu ša
ina libbišunu

88. . . . . ubbutû (?) arki anakû ṭêmê altakan
umma Araḫu u amêlûti ?

89. . . . . Dâri'âmuš šarru ki'âm iḳábî agâ ša anakû ina
Bâbîli êpušu. Dâri'âmuš šarru ki'âm ikábî agâ ša anakû

90. . . . .
. . . .
. . . . IX šarrânišunu uṣabbit
Gumâtu šumšu Magûšu šû uptarriṣ iḳábî umma

91. . . . .
. . . .
. . . . Elámat utinkir Nidintu-
bêl šumšu Bâbîlâ šû uptarriṣ iḳábî umma anakû
Nabûkudurrî'uṣur

92. . . . .
. . . .
. . . . . . utinkir Parumartiš šumšu
Mâdâ šû uptarriṣ iḳábî umma anakû Ḫašatrîti

93. . . . .
. . . .
. . . . Umaku'ištar agâšû Izkartâ
utinkir Parada šumšu Margumâ šû

94. . . . .
. . . .
. . . . agâšû Parsû utinkir Araḫu
šumšu Urašṭâ agâšû

95. . . . .
. . . .
iṣbatû ḳâtû (?) nišu attû'a ina birît

96. . . . .
. . . .
niši arki Ûramazda ana ḳâtê'a indanášunûtu

97. . . . .
. . . . amêlu
ša uparraṣi lû mâdu šâlšu kî taḳábû

98. . . . . issû (?)
ša anakû êpušu šaṭâri ša ina narî tamkuri
kipanni (?)

Beistand. durch die Gnade des Ormuzd nahm Vindafrâ Babylon ein (und) schlug das Heer von Babylon. die Rebellen, (und?) nahm sie gefangen. Das Heer, welches unter ihnen

88. . . . . gefesselt (?). Darauf erliess ich Befehle folgendermassen: Arahu und die Männer . ? .

89. . . . . So spricht Darius der König: Das ist's, was ich in Babylon getan habe. So spricht Darius der König: Das, was ich

90. *tat, das geschah durch die Gnade Ormuzd's in aller Weise. Nachdem die Könige abtrünnig geworden waren. da lieferte ich neunzehn Schlachten. durch die Gnade Ormuzd's schlug ich sie.* Neun ihrer Könige nahm ich gefangen: (Einer war) Gumâtu mit Namen, ein Mager, der log. er sprach also:

91. *„Ich bin Barzia. der Sohn des Kuraš". Dieser machte Persien abtrünnig. Einer war Ašina mit Namen in Susiana, der log. also sprach er: „Ich bin König in Susiana". Dieser* machte Elam abtrünnig. (Einer war) Nidintubêl mit Namen. ein Babylonier, der log, er sprach also: „Ich (bin) Nebukadnezar,

92. *der Sohn des Nabonid". Dieser machte Babylon abtrünnig. Einer war Martia mit Namen. ein Perser, der log. also sprach er: „Ich bin Imanisi, König in Susiana". Dieser* machte *Elam* abtrünnig. (Einer war) Parumartiš mit Namen. ein Meder. der log, er sprach also: „Ich (bin) Hašatriti,

93. *aus der Familie des Umakuištar". Dieser machte Medien abtrünnig. Einer war Šitrantahma mit Namen. ein Sagartier. der log. also sprach er: „Ich bin König in Sagartien. aus der Familie des* Umakuištar". Dieser machte Sagartien abtrünnig. (Einer war) Parada mit Namen, ein Margumite, der

94. *log, also sagte er: „Ich bin König in Margu". Er machte Margu abtrünnig. Einer. Umizdâtu mit Namen. ein Perser. der log. also sprach er: „Ich bin Barzia. der Sohn des Kuraš".* Dieser machte Persien abtrünnig. (Einer), Arahu mit Namen, ein Armenier, dieser

95. *log, also sprach er: „Ich bin Nebukadnezar, der Sohn des Nabonid". Dieser machte Babylon abtrünnig. So spricht Darius der König: Diese neun Könige* haben gefangen die Hände (?) meines Heeres in mitten

96. *dieser Schlachten. So spricht Darius der König: Diese Provinzen, welche abtrünnig wurden. die Lüge hat sie abtrünnig gemacht. so dass sie belogen die* Leute. Dann gab sie Ormuzd in meine Hände,

97. *wie es mein Wille war. so geschah ihnen. So spricht Darius der König: Du. der du nachher König sein wirst. wahre dich sehr vor der Lüge; den* Menschen, der lügt, den fordere häufig (vor Gericht?), wenn du sprichst:

98. *„Mein Land soll unversehrt sein". So spricht Darius der König: Ormuzd* stand (mir) bei(?) zu dem, was ich getan habe. Die Schrift, welche du auf der Tafel erblickst (?), . . . ? . . .

99\. . . . . Dâri'âmuš šarru ki'âm iḳábî ina ṣilli ša Ûramazda

100\. . . . . ikipu (?) iḳábî umma parṣâtu šina. Dâri'âmuš šarru ki'âm

101\. . . . . šarru ki'âm iḳábî atta kî pî ša anakû êpušu u kabittu (?)

102\. . . . . ûmêka lirikû u kî duppê annûtu tapissinu (?) ana niši

103\. . . . . ina ṣilli ša Ûramazda etêpuš Ûramazda issî dannu u ilâni

104\. . . . . êpušu ul anakû ul zêrî'a ina dênâtu .

105\. . . . . iḳábî mannu atta šarru ša bêlâ arkî'a amêlu ša uparraṣu u amêlu ?

106\. kî narû šu'atu támari u ṣalmânu agânûtu

107\. . . . . ûmêka . . Ûramazda lûrappiš

108\. . . . . Ûramazda lirur

109\. . . . . ittî'a itûrû adî muḫḫi ša anakû ana Gumâti agâšû

99\. . . . . *So spricht Darius der König: Ormuzd möge dir bezeugen(?), es ist wahr, nicht Lüge, ich habe es gemacht in aller Weise.* So spricht Darius der König: Im Schutze des Ormuzd

100\. *ist auch noch vieles andere von mir getan worden, was nicht in dieser Inschrift geschrieben steht; deswegen ist es nicht geschrieben worden, damit nicht der, welcher später diese Inschrift* liest(?), also spricht: „Lügen sind es". Darius der König, so

101\. *spricht er: Die früheren Könige, solange(?) sie waren, haben nicht getan, wie was ich durch Ormuzd's Gnade auf jegliche Art vollbracht habe. Darius* der König, so spricht er: Du, in Gemässheit dessen, was ich getan habe und des Gewichtigen ?

102\. . . . . *wenn du dieses [Edict nicht verbirgst, dasselbe dem Volke verkündest, da möge Ormuzd dein Freund sein, deine Familie möge zahlreich und* deine Tage lange sein. Und wenn du diese Tafeln dem Volke verbirgst ?.

103\. *da möge Ormuzd dich tödten, deine Familie vergehen. So spricht Darius der König: Das, was ich getan habe in aller Weise, das* habe ich im Schutze des Ormuzd getan. Ormuzd war mein starker Beistand, Ormuzd und die Götter,

104\. *die übrigen, die es giebt. So spricht Darius der König: Deswegen brachte mir Ormuzd Beistand und die übrigen Götter, welche es giebt, weil ich nicht feindselig war, kein Lügner war, keine Despotie* ausübte, weder ich noch meine Familie: in Gesetzen *habe ich geherrscht . . . ? . . .*

105\. . . . . *Wer meinen Clangenossen geholfen hat, den habe ich wohl begünstigt, wer feindselig(?) war, den habe ich strenge bestraft. Darius der König, so* spricht er: Wer du auch seist, o König, der du nach mir herrschen wirst: einen Menschen, der lügt, und einen Menschen, . . . ? . . . .

106\. *dem sei nicht freundlich gesinnt, den strafe mit strengen Strafen(?). So spricht Darius der König:* Wenn du diese Tafel sehen wirst und diese Bilder,

107\. — *verdirb sie nicht, sondern, so lange du lebst, bewahre sie. So spricht Darius der König: Wenn du diese Tafel oder diese Bilder siehst und sie nicht zerstörst, sondern sie mir, so lange deine Familie dauert, bewahrst, da möge Ormuzd dein Freund sein, deine Familie möge viel sein.* Deine Tage *mögen lange sein, und was du tuest,* möge Ormuzd weit machen.

108\. *So spricht Darius der König: Wenn du diese Tafel oder diese Bilder siehst, sie zerstörst, mir dieselben, so lange deine Familie dauert, nicht bewahrst, da* möge Ormuzd fluchen,

109\. *deine Familie möge zu nichte werden, was du tuest, das möge dir Ormuzd zerstören. So spricht Darius der König: Dies sind die Männer, welche damals dort* bei mir waren, bis dass ich diesen Gumâtu

110. . . . .
. . . . U'izparu Parsâ Umitana šumšu apilšu ša Suhra Parsâ

111. . . . .
. . . . šumšu apilšu ša Zâtu Parsâ Ardimaniš šumšu apilšu ša Ušuḫku

112. . . . .
. . . . agânûtu lû mâdu . . .

110. *den Mager tödtete, der sich Barzia nannte; damals halfen diese Männer mir als meine Anhänger: Vindafrâ mit Namen, der Sohn des* Uizparu, ein Perser; Umitana mit Namen, der Sohn des Suḫra, ein Perser;

111. *Kubara mit Namen, der Sohn des Marduniya, ein Perser; Umidarna mit Namen, der Sohn des Bagâbigna, ein Perser; Bagabukhsha* mit Namen, der Sohn des Zâtu, ein Perser (und) Ardimaniš mit Namen, der Sohn des Ušuḫku,

112. *ein Perser. So spricht Darius der König: Du, der du nachher König sein wirst,* . . diese ? . . . gar sehr . .

Anhang.

Transscription der Behistûninschrift mit Zeichenabteilung.

1. $_{m}$ a-ha-ma-ni-iš-' šarru kiššatu[1] ? amelu[1]$_{pl}$ amelu par-sa-a-a šarru matu par-su $_{m}$ da-ri-i'a-muš šarru ki-a-am[2] i-gab-bi at-tu-u[3]-a abu-u-a $_{m}$ uš-ta-az-pi abu ša $_{m}$ uš-ta-az-pi
2. $_{m}$ ar-i'a-ra-am-na-' abu ša $_{m}$ ar-i'a-ra-am[4]-na-' $_{m}$ ši-iš-pi-iš abu ša $_{m}$ ši-iš-pi-iš $_{m}$ a-ha-ma-ni-iš-' $_{m}$ da-ri-i'a-muš šarru ki-a-am i-gab-bi a-na lib-bi a-ga-a
3. a-ni[5]-ni ul-tu abu-u ?[6] zeru-ú-ni šarru-$_{pl}$[7]-šu-nu $_{m}$ da-ri-i'a-muš šarru ki-a-am i-gab-bi VIII ina libbu zeru-i'a at-tu-u-a ina pa-na-tu-u-a šarru-tu i-te-ip-šu
4. i-gab-bi ina ṣillu ša ilu ú-ri-mi-iz-da[8]-' ana-ku šarru ilu ú-ri-mi-iz-da-' šarru-tu ana-ku id-dan[9]-nu $_{m}$ da-ri-i'a-muš šarru ki-a-am i-gab-bi a-ga-a
5. šarru-ši[10]-na at-tur matu pa-ar-su matu elamat $_{ki}$ matu babilu matu áš-šur matu a-ra-bi matu mi-ṣir[11] ina mar-ra-ti matu sa-par-du matu i'a-a-ma-nu
6. ar[12]-e[12]-mu matu hu-ma-ri-iz[13]-mu matu ba-ah-tar matu su[14]-ug-du matu pa[15]-ar-ú-pa-ra-e-sa[16]-an-na matu nam[17]-mi-ri matu sa-at-ta-gu-ú
7. a-ga[18]-ni-e-tú matu matu ša ana-ku i-še[19]-im-ma-'-in-ni ina ṣillu ša ilu ú-ri-mi-iz-da-' a-na a-na-ku gallu[20]$_{pl}$ it-tu-ru-nu man-da-at-ta
8. a-na ša-a-šu ip-pu[21]-šú-' $_{m}$ da-ri-i'a-muš šarru ki-a-am i-gab-bi ina bi-rit[22] matu matu a-ga-ni-e-tú amelu pi[23]-it-ku[24]-du[25] a-na ša-a-šu
9. ina ṣillu ša ilu ú-ri-mi-iz-da-' di-na-a-tú at-tu-u-a ina bi-rit[26] matu matu a-ga-ni-e-tú ú-ša-az[27]-gu-u[28] ša la-pa-ni-i'a at-tu-u-a
10. a-am i-gab-bi ilu ú-ri-mi-iz-da-' šarru-tu-a[29] id-dan-nu ilu ú-ri-mi-iz-da[30] is[31]-si[31] dan-nu a-di muhhu ša šarru-tu a-ga[32]-ta[32]
11. ana-ku kit[33]-nu-šu $_{m}$ da-ri-i'a-muš šarru ki-a-am i-gab-bi a-ga-a ša ana-ku e-pu-šu ina ṣillu ša ilu ú-ri-mi-iz-da ár[34]-ki ša a-na šarru a-tu-ru
12. šú-ú[35] a-gan-nu a-na šarru it-tur ša $_{m}$ kam-bu-zi-i'a a-ga-šú-u ahu-šu $_{m}$ bar-zi-i'a ište[36]-en ahu-šu-nu išten[37]-it[37] ummu-šu-nu
13. $_{m}$ kam-bu-zi-i'a id-du-ku a-na $_{m}$ bar-zi-i'a a-na nišu ul me-ga[38]-ki[39] ša $_{m}$ bar-zi-i'a di-i-ki ár-ki $_{m}$ kam-bu-zi-i'a a-na matu mi-ṣir
14. matu mi-ṣir[40] it-tal-ku[41] ár-ki nišu[42] lib-bi bi-i-šu it-taš[43]-kan[44] ár-ki[45] par-ṣa-a-tú ina matu matu lu ma-du i[46]-mi-du[46] ina matu par-su ina matu ma-da-a-a
15. ul-tu matu pi-ši-'-hu-ma-du[47] a-ra[47]-ka-at-ri-' šadu[48]-ú šumu-šu ul-tu lib-bi umu XIV $_{kam}$ ša arhu[49] adaru šú-u a-na[49]
16. $_{m}$ kam-bu-zi-i'a ár-ki nišu gab-bi la-pa-ni $_{m}$ kam-bu-zi-i'a it-te-ik-ru-'[50] ana muh[51]-hi[51]-šu it-tal-ku-' matu par-su matu ma-da-a-a
17. iṣ-ṣa-bat ár-ki $_{m}$ kam-bu-zi-i'a mi[52]-tu-tu ra-man-ni-šu mi-i-ti[52] $_{m}$ da-ri-i'a-mus šarru ki-a-am i-gab-bi
18. ul-tu a[53]-bu[54] at-tu-nu-u ša zeru-ú-ni ši-i ár-ki $_{m}$ gu-ma-a-tú[55] a-ga-šú-u ma-gu-šu šarru-ú-tu a-na

19. šú-u[56] ana šarru it-tur $_{m}$ da-ri-i'a-muš šarru ki-a-am i-gab-bi man[57]-ma á[58]-a-nu
20. $_{m}$ gu-ma-a-tú a-ga-šú[59]-u ma-gu-šu šarru-ú-tu ik-ki-mu nišu ma-a-du la-pa-ni-
-šu ip-ta-laḫ[60]
21. la ú-ma[61]-as[61]-sa-nu ša la $_{m}$ bar-zi-i'a ana-ku aplu[62]-šu ša[62] $_{m}$ku-ra-aš man-
-ma ul[63] i-šal[64]-lim-ma ina[65] muḫ[66]-ḫi[66]
22. ár[67]-ki[67] ána-ku ilu ú-ri-mi-iz-da uṣ[68]-ṣal-la[69] ilu ú-ri-mi-iz-da is-si[70] dan-nu
ina ṣillu ša ilu ú-ri-mi-iz-da
23. a[71]-ga-šú-u[71] ma-gu-šu u amelu TUR.ḲAḲ[72]$_{pl}$ ša it-ti-šu[73] ina alu si[74]-ḫi[75]-ú-ba[76]-
-at-ti-' ina[77] matu ni-is-sa-a-a šumu-šu ša ina matu ma-da-a-a
24. ilu ú-ri-mi-iz-da šarru-u-tú ana-ku[78] id-dan-nu $_{m}$da-ri-i'a-muš šarru ki-a-am
i-gab-bi šarru-u-tú ša la-pa-ni[79]
25. ul-ta-az[80]-zi-iz ana-ku e-te-pu-šu bitu$_{pl}$ ša ilu$_{pl}$ ša $_{m}$gu-ma-a-tú a-ga-šú-u
ma-gu-šu ib-bu-lu ana-ku
26. $_{m}$ gu-ma-a-tú a-ga-šú-u ma-gu-šu i-ki-mu[81]-šu-nu-tú ana-ku nišu ina aš-ri-šu
ul-ta-az-zi-iz matu par-su matu ma-da-a-a
27. ina ṣillu ša ilu ú-ri-mi-iz-da a[82]-ga-a[82] ana-ku e-te-pu-uš ana-ku up-te[83]-ki-id
a-di muḫḫu ša bitu at-tu-nu ina aš-ri-šu
28. ina ṣillu ša ilu ú-ri-mi-iz-da lib-bu-u ša $_{m}$gu-ma-a-tú a-ga-šú-u ma-gu-šu bitu
at-tu-nu la iš-šú-u $_{m}$da-ri-i'a-muš
29. $_{m}$ da-ri-i'a-muš šarru ki-a-am i-gab-bi al-la-ku[84] ana-ku a-du-ku a-na $_{m}$gu-
ma-a-tú amelu ma-gu-šu ár-ki amelu
30. it-ba-am-ma i-gab-bi um[85]-ma ana-ku šarru matu elamat$_{ki}$ ár-ki amelu[86] ela-
mat $_{ki}$ $_{pl}$[86] it-te-ik-ru-' la-pa-ni-i'a
31. $_{m}$ ni[87]-din[87]-tú-$_{ilu}$-bel šumu-šu aplu[88]-šu ša[88] $_{m}$a-ni-ri-' šú-u ina matu babilu it-
-ba-am-ma ana nišu i-par-ra-aṣ[89] um-ma ana-ku
32. it-te-mil[90] matu babilu it-te[91]-ki-ir šarru-ú-tu matu babilu iṣ-ṣa-bat $_{m}$da-ri-i'a-
-muš šarru ki-a-am i-gab-bi
33. ad-du-uk[92]-šu $_{m}$da-ri-i'a-muš šarru ki-a-am i-gab-bi ár-ki ana-ku ana matu
babilu al-lik[93]-ma[93] a-na muḫḫu
34. ša $_{m}$ni-din-tú-$_{ilu}$-bel ina muḫḫu di-ig-?[94] ú-šú-uz-zu a-na[95] ku-ul-lu-' naru diḳlat
ma-li ár-ki ana-ku nišu
35. ilu ú-ri-mi-iz-da is-si[96] dan-nu ina ṣillu ša ilu ú-ri-mi-iz-da naru di-iḳ-lat[97]
ni-te-bi-ir ad-du-ku[98]
36. umu XXVI$_{kam}$ ša arḫu kislimu ṣi-el-tú ni-te-pu-šu . . . . gab-bi ár[99]-ki[99] ana-
-ku ana matu babilu at-ta-lak[100] ana matu babilu la ka-ša-du ina alu za-za-
-an-nu šumu-šu ša kišadu[100bis] naru puratu
37. ša i-gab-bu um-ma ana-ku $_{m}$ilu nabu-kudurru-uṣur . . . . ár-ki ṣa[101]-al-tú[101]
ni-te-pu-šu ilu ú-ri-mi-iz-da is-si[102] dan-nu ina ṣillu ša ilu ú-ri-mi-iz-da nišu[103]
ša $_{m}$ni-din-tú-$_{ilu}$-bel
38. ṣal-ti ni-te-pu-šu umu[104] . . . . . $_{m}$da-ri-i'a-muš šarru ki-a-am i-gab-bi ár-ki
$_{m}$ni-din-tú-$_{ilu}$-bel a-ga-šú-u ina amelu[105] ṣabu$_{pl}$ i-ṣu[106]-tú e-li-i'a ša
39. at-ta-lak ina ṣillu ša ilu ú-ri-mi-iz-da babilu aṣ-ṣa-bat[107] u $_{m}$ni-din-tú-$_{ilu}$-bel
aṣ-ṣa-bat ár-ki ana-ku[108] ina matu babilu a-na
40. $_{m}$da-ri-i'a-muš . . . . . a-tu-ru an-na-a-tú matu[109] matu[109] ša[110] ik-ki-ra-'-in-ni
matu par-su matu elamat$_{ki}$ matu ma-da-a-a matu áš-šur $_{ki}$

41. matu sa[111]-at-ta-gu-u matu nam-ni-ri[112] . . . . $_{m}$ mar-ti-i'a šumu-šu aplu-šu ša $_{m}$ ši-in-ša-aḫ-ri-iš ina alu ku-gu-na-ak-ka ina matu par-su a-šib šú-u ina matu e-lam-mat[113] it-ba-am-ma

42. im[114]-ma-ni-si šarru matu . . . a[115]-na $_{m}$ mar-ti-i'a a-ga-šú-u[116] ša ina muḫ[117]-ḫi[117]-šu-nu rabu-ú ina ra-ma-ni-šu-nu id-du-ku-šu $_{m}$da-ri-i'a-muš šarru

43. $_{m}$ pa-ar[118]-ú-mar-ti-iš . . . . . um-ma ana-ku $_{m}$ḫa-ša-at-ri-it-ti zeru ša $_{m}$[119] u-ma-ku[120]-iš-tar ár-ki nišu ša matu ma-da-a-a ma-la ina[119] bitu la-pa-ni-i'a

44. matu ma-da-a-a . . . . . ár-ki ana-ku nišu al-ta-par ana matu ma-da-a-a $_{m}$ ú-mi-da-ar-na-' šumu-šu amelu gal-la[121]-a[121] matu par-sa-a-a a-na

45. $_{m}$ ú-mi-da-ar-na-' it-ti nišu it-ta-lak ana matu ma-da-a-a ana ka-ša-du ina alu[122] ma-ru-' šumu-šu ša ina[123] matu ma-da-a-a

46. ina ṣillu ša ilu ú-ri-mi-iz-da nišu at-tu-u-a id-du-ku ana ni-ik-ru-tu a-ga-šu-nu umu XXVII$_{kam}$ ša arḫu ṭebetu ṣi-el-tú i-te-ip-šu-'[124]

47. ša[125] ina matu ma-da-a-a ina lib-bi i-dag-ga-lu-' pa-ni-i'a a-di muḫḫu ša ana-ku al-la-ku ana matu ma-da-a-a

48. nišu ni-ik-ru-tu ša la i-šim[126]-mu-'-in-ni du-ú-ku-šú-nu-ú-tu

49. a-na e-pi-šu ta-ḫa-za ár-ki $_{m}$ da-da-ar-šu ṣa-al-tum itti[127]-šu-nu i-te-pu-uš ina[128] alu zu-ú-zu šú-um-šu i-na matu ú-ra-aš-ṭu

50. ni-ik-ru-tú ip-ḫu-ru-nim-ma it-tal-ku-' a-na tar-ṣi $_{m}$da-da-ar-šu a-na e-pi-šu ta-ḫa-za ár-ki i-te-ip-šú ṣal-tum

51. sal[129]-tú[129] id-du-ku ina lib-bi-šu-nu DXLVI u bal-ṭu-tú uṣ-ṣab-bi-tu-nu DXX ár-ki ina[130] ša-ni-tum III ni-ik-ru-u[130]-tu

52. ina ṣillu ša ilu ú-ri-mi-iz-da nišu at-tu-u-a ana ni-ik-ru-tu id-du-ku umu IX$_{kam}$ ša arḫu tišritu (?)[131] i-te-ip-šu ṣa-al-tú

53. $_{m}$ da-ri-i'a-muš šarru ki-a-am i-gab-bi $_{m}$ú-mi-is-si šú-um-šu amelu gal-la-a matu par-sa-a-a a-na matu ú-ra-aš-ṭu

54. ni-ik-ru-tú ip-ḫu-ru-nim-ma it-tal-ku-' a-na tar-ṣi $_{m}$ ú-mi-is-su a-na epeš(-eš) ta-ḫa-za ár-ki i-te-ip-šu ṣa-al-tú

55. id-du-ku ina lib-bi-šu-nu IIMXXIV ina ša[132]-ni-ti[132] II ni-ik-ru-tú ip-ḫu-ru-nim-ma il-li-ku-' a-na tar-ṣi $_{m}$ ú-mi-is-si a-na e-piš taḫazu

56. a-na ni-ik-ru-tú id-du-ku umu XXX$_{kam}$ ša arḫu aru i-te-ip-šu ṣal-tum id-du-ku ina lib-bi-šu-nu IIMXLV u bal-ṭu-tú uṣ-ṣab-bi-tu II[133] MDLIX

57. a-na matu ma-da-a-a a[134]-na[134] ka-ša-di a-na matu ma-da-a-a ina alu ku-un-du-ur[135] šú-um-šu ina matu ma-da-a-a

58. ilu ú-ri-mi-iz-da is-si[136] dan-nu ina ṣillu ša ilu ú-ra[137]-mi-iz-da[138] nišu ša $_{m}$ pa-ar-ú-mar-ti-iš

59. i-ṣi e-li-i'a ša sisu$_{pl}$ aṣa[139]-a-ma il-lik-ma ina matu ra-ga-' šú-um-šu ina matu ma-da-a-a ár-ki a-na-ku nišu

60. nišu gab-bi im-ma-ru-uš[140] ár-ki ina za-ki-pi ina alu a-ga-ma-ta-nu al-ta-kan-šu

61. i-gab-bi a-na nišu um-ma ana-ku šarru zeru ša $_{m}$ú-ma-ku[141]-iš-tar ár-ki ana-ku nišu matu ma-da-a-a

62. it-ti $_{m}$ ši-it-ra-an-taḫ[142]-ma i-pu-uš-šú ilu ú-ra-mi-iz-da is-si[143] dan-nu ina ṣillu ša ilu ú-ra-mi-iz-da

63. nišu gab-bi im-ma-ru-šú ár-ki ina alu ar-ba-'-il ina za-ki-pi aš-ku-un-šu napḫaru[144] di-i-ki u bal-ṭu

64. $_{m}$ pa-ar-ú-mar-ti-iš . . ?[145] . . $_{m}$ uš-ta-az-pi abu-ú-a ina matu pa-ar-tu-ú[148] a-šib-ma
65. ilu ú-ra-mi-iz-da is-si[147] dan-nu ina ṣillu ša ilu ú-ra-mi-iz-da $_{m}$ uš-ta-az-pi id--duk a-na ni-ik-ru-tú a-ga-šu-nu umu XXII $_{kam}$
66. ár-ki ša nišu ana muḫḫu[148] $_{m}$ uš-ta-az-pi ik-šú-du $_{m}$ uš-ta-az-pi nišu šú-a-tim[149]
67. i-te-ip-šu ṣal-tum id-du-ku ina lib-bi-šu-nu VIMDLXX[150] ù bal-ṭu-tú uṣ-ṣab-bit IVMICXC[151] II
68. $_{m}$ da-ri-i'a-muš šarru ki-a-am i-gab-bi matu[152] mar-gu-' šú-um-šu ik[153]-ki-ra--an-ni-ma[154] amelu $_{m}$pa-ra-da-' šú-um-šu
69. ár-ki $_{m}$da-da-ar-šu it-ta-lak it-ti nišu i-te-ip-šu ṣal-tum itti matu mar-gu-ma-a-a
70. [155] ina lib-bi-šu-nu IVMIICIII[156] u bal-ṭu-tú uṣ-ṣab-bit VIMDLXX[157] II $_{m}$da-ri-i'a-muš šarru ki-a-am
71. šú-um-šu ina matu par-su[158] a-ši-ib šú-u[159] it-ba[160]-am[160]-ma ina[161] matu par-su i-gab-bi a-na nišu
72. $_{m}$ da-ri-i'a-mus šarru ki-a-am i-gab-bi ár-ki ana-ku nišu ša matu par-su mi-i-ad (?)[162]
73. nišu ša matu par-su it-ti-i'a it-tal-ku-' matu ma-da-a-a ár-ki $_{m}$ ar-ta-mar-zi-i'a it-ti nišu
74. i-te-ip-šu ṣa-al-tum ilu ú-ra-ma-az-da is-si[163] dan-nu ina ṣillu ša ilu ú-ra-ma-az-da
75. $_{m}$ ú-mi-iz-da-a-tú a-ga-šú-u it-ti nišu i-ṣi e-li-i'a ša sisu[164] $_{pl}$[164] il-lik-ma a-na
76. ilu ú-ra-ma-az-da is-si[165] dan-nu ina ṣillu ša ilu ú-ra-ma-az-da nišu at-tu-u-a id-du-ku a-na nišu[166] ša $_{m}$ ú-mi-iz-da-a[166 bis]-ti
77. $_{m}$ da-ri-i'a-muš šarru ki-a-am i-gab-bi ár-ki ana-ku $_{m}$ ú-mi-iz-da-a-tú a-ga-šú-ú ù[167] amelu TUR . ḲAḲ $_{pl}$ ša it-ti-šu gab-bi ina za-ki-pi
78. matu par-su al-ta-pu-šu $_{m}$da-ri-i'a-muš šarru ki-a-am i-gab-bi $_{m}$ ú-mi-iz-da--a[168]-tú a-ga-šú-ú ša iḳ-bu-ú
79. matu a-ru-ḫa-at-ti um-ma al-ka-ma $_{m}$ ú-mi-ma-na-' du-ka-' u a-na
80. i-te-ip-šu ṣa-al-tú ilu ú-ra-ma-az-da is-si[169] dan-nu ina ṣillu ša ilu ú-ra-ma-az--da nišu
81. i-te-ip-šu ṣal-tum ilu ú-ra-mi[170]-iz[170]-da is-si[171] dan-nu[172] ina ṣillu ša ilu ú-ra--ma-az-da
82. ár-ki amelu a-ga-šú-ú ina libbu[173]-šu[173] nišu ra-bu-ú ša $_{m}$ ú-mi-iz-da-a-tum iš--pu-ru it-ti nišu
83. iṣ[174]-bat-su id-duk-šu u amelu TUR . ḲAḲ $_{pl}$ ša itti-šu id-duk napḫaru[175] di-i-ku u bal-ṭu ša nišu
84. matu a-ru-ḫa-at-ti e-pu-šu $_{m}$ da-ri-i'a-muš šarru ki-a-am i-gab-bi a-di muḫḫu[176] ša a-na-ku ina matu par-su u matu ma-da-a-a
85. nišu ša matu babilu um-ma a-na-ku $_{m}$ nabu-kudurru-uṣur aplu-šu ša $_{m}$ nabu[177]--na'idu ár-ki nišu ša matu babilu la-pa-ni-i'a
86. al-ta-par[178] um-ma a-lik[179]-ma du-ú-ku a-na nišu ni-ik-ru-tú
87. ana[180] nišu ša babilu ni-ik-ru-tú id-duk[181] . . ? . . uṣ-ṣab-bit-šu[182]-nu-tu nišu ša ina lib-bi-šu-nu
88. ub-bu-tu-u ár-ki a-na-ku ṭe[183]-e-me[183] al-ta-kan um-ma $_{m}$ a-ra-ḫu u amelu TUR . ḲAḲ $_{pl}$
89. $_{m}$ da-ri-i'a-muš šarru ki-a-am i-gab-bi a-ga-a ša ana[184]-ku ina babilu e-pu-šu $_{m}$ da-ri-i'a-muš šarru ki-a-am i-gab-bi a-ga-a ša ana-ku

90. IX šarru-$_{pl}$-šu-nu uṣ-ṣab-bit $_{m}$ gu-ma-a-tú šú-um-šu amelu ma-gu-šu šú-ú up-tar-ri-iṣ i-gab-bi um-ma
91. matu elamat$_{ki}$ ut-tín[185]-kir $_{m}$ ni-du-tú-$_{ilu}$-bel šú-um-šu amelu babila-a-a šú-ú up-tar-ri-iṣ i-gab-bi um-ma
92. ut-tín[186]-kir $_{m}$ pa-ar-ú-mar-ti-iš šú-um-šu matu ma-da-a-a šú-u up-tar-ri-iṣ i-gab-bi um-ma ana-ku $_{m}$ ḫa-ša-at-ri-it-ti
93. $_{m}$ ú-ma-ku-iš-tar a-ga-šú-u matu iz-ka-ar-ta-a-a ut-tín[187]-kir $_{m}$ pa-ra-da-' šumu-šu amelu mar-gu-ma-a-a šú-u
94. a-ga-šú-u matu par-su ut-tín[188]-kir $_{m}$a-ra-ḫu šú-um-šu 'matu ú-ra-aš-ṭa a-ga-šú-ú
95. iṣ-ba[189]-tu-'-u ga[190]-du-u[191]-' nišu[192] at-u-a ina bi-rit[193]
96. nišu ár-ki ilu ú-ra-ma-az-da a-na ḳatu-i'a in-da-na-aš-šu-nu-tú
97. amelu ša ú-par-ra-ṣi lu[194] ma[195]-du ša-al-šu ki-i ta-gab-bu
98. i-su-u ša ana-ku e-pu-šu ša-ṭa-ri ša ina abnu naru tam(?)[196]-kur[197]-ri ki-pa-an-ni
99. $_{m}$ da-ri-i'a-muš šarru ki-a-am i-gab-bi ina ṣillu ša ilu ú-ra-ma-az-da
100. i-ki[198]-ip-pu i[199]-gab-bi um-ma par-ṣa-a-tum ši-na $_{m}$ da-ri-i'a-muš šarru ki-a-am
101. šarru ki-a-am i-gab-bi at-ta ki-i[200] pi ša ana-ku e-pu-šu u ka-bit-tum
102. umu-$_{pl}$-ka[201] li-ri-ku-' u ki-i dúp[202]-pi an-nu-tú ta-pi-is-si-nu ana nišu[203]
103. ina ṣillu ša ilu ú-ra-ma-az-da e-te-pu-uš ilu ú-ra-ma-az-da is-si[204] dan-nu u[205] ilu $_{pl}$[205]
104. e-pu-šu ul a-na-ku ul zeru-i'a ina di-na-a-tú . . . .[206]
105. i-gab-bi man-nu at[207]-ta šarru ša be[208]-la-a ár-ki-i'a amelu ša ú-par-ra-ṣu u amelu . . . ? . . .[209]
106. ki-i abnu naru šú-a-tú tam-ma-ri u ṣal-ma-a-nu a-gan-nu-tu
107. umu-$_{pl}$-ka . . . . . .[210] ilu ú-ra-ma-az-da lu-rap-pi-iš
108. ilu ú-ra-ma-az-da li-ru-ur
109. it-ti-i'a i-tu-ru-' a-di muḫḫu[211] ša a-na-ku a-na $_{m}$ gu-ma-a-ti a-ga-šú-ú
110. $_{m}$ ú-iz[212]-pa-ru-' amelu par-sa-a-a $_{m}$ ú-mi-it[213]-ta[214]-na-' šumu-šu aplu-šu ša $_{m}$ su-uḫ-ra-' amelu par-sa-a-a
111. šú-um-šu aplu-šu ša $_{m}$ za-'-tu-' amelu par-sa-a-a $_{m}$ a-ar-di-ma-ni-iš šumu-šu aplu-šu ša $_{m}$ u-šú[215]-uḫ-ku
112. a-gan-nu-tu lu ma-a-du . . . .[216]

II.

DIE KLEINEREN INSCHRIFTEN

DER

ACHÄMENIDEN.

A. Verzeichniss der Inschriften und der benützten Editionen.

I. **Cyrusinschrift**, veröffentlicht von Rich in dessen „*Babylon and Persepolis*", London 1839, pl. XII; von Westergaard in den „*Mémoires de la société des Antiquaires du Nord*" Copenh. 1840—44. Taf. XVI. c und von de Saulcy in den „*Recherches sur l'écriture cunéiforme assyrienne*", mém. aut. vom 27. Nov. 1849. S. 3 — gewöhnlich bezeichnet mit **M.**

II. **Siegelinschrift des Darius**, veröffentlicht von Grotefend in „*Neue Beiträge zur Erläuterung der babylonischen Keilschrift*", Hann. 1840, S. 5 und von Saulcy a. a. O. S. 59; (identisch mit *Na*) bei Spiegel „*Die altpersischen Keilinschriften*" zweite Aufl., Leipz. 1881, S. 50 f. vgl. S. 117), von mir bez. mit **Sgl.**

IIbis. **Dariusinschrift von Kerman**, veröffentlicht von Gobineau im „*Traité des écritures cunéiformes*" t. I. Par. 1864, pl. XVI vgl. Ménant, „*Les Achéménides*", Par. 1872, S. 144, bezeichnet mit **KR.**

III. **Die kleineren Inschriften von Behistûn**, veröffentlicht von Rawlinson im *J. R. A. S.* vol. XIV, part I, Lond. 1851 und von Saulcy im *Journ. As.* 1854 V. sér. t. III, S. 130 ff.; Nr. 1 auch bei Saulcy a. a. O. S. 55; bezeichnet mit **Beh. kl.**

IV. **Die grosse Naqs-i-Rustam-Inschrift**, veröffentlicht von Westergaard, a. a. O. Taf. XVIII und von Oppert in der „*Expédition scientifique en Mésopotamie*" t. II, Par. 1859, SS. 164—191, bezeichnet mit **NR.**

V. **Die kleineren Inschriften von Naqs-i-Rustam**, veröffentlicht von Rawlinson a. a. O.; von Saulcy im *Journ. As.* 1854, V. sér. t. III, S. 154 und von Oppert a. a. O. SS. 192—94, bezeichnet mit **NR. kl.**

VI. **Persepolis-Inschrift B**, veröffentlicht von C. Niebuhr in seiner „*Reisebeschreibung nach Arabien*" Bd. II, Copenh. 1778, Taf. XXIV C; von Westergaard a. a. O. Taf. XIII, von Saulcy a. a. O. S. 4; von Oppert a. a. O. S. 165 f., sowie endlich von Ménant in dessen „*Manuel de la langue assyrienne*" Par. 1880, S. 277 f. (= der früheren Ausgabe der „*Grammaire assyr.*" Par. 1868, S. 300), bezeichnet mit **B.**

VII. **Inschrift von Hamadan**, veröffentlicht nach den Papieren des verstorbenen Fr. Ed. Schulz in „*Mémoire sur le lac de Van*" im *Journ. As.* III. sér., t. IX, Par. 1840, pl. VIII und von Saulcy in der *Mém. aut.* vom 14. Sept. 1849, S. 3 ff., bezeichnet mit **O.**

VIII. **Fensterinschrift**. veröffentlicht von Westergaard a. a. O. Taf. XVI C; von Saulcy in der *Mém. ant.* vom Nov. S. 54 und von Oppert a. a. O. S. 250. bezeichnet mit **L**.

IX. **Persepolis-Inschrift H**, veröffentlicht von Niebuhr a. a. O. Taf. XXXI, L; von Westergaard a. a. O. Taf. XV; von Saulcy in der *Mém.* vom Nov. S. 31 ff. und von Oppert a. a. O. SS. 252—56. bezeichnet mit **H**.

X. **Persepolis-Inschrift G**. veröffentlicht von Niebuhr a. a. O. Taf. XXIV, E; von Rich a. a. O., Taf. XVIII Nr. 3; von Westergaard a. a. O. Taf. XIII; von Saulcy a. a. O. S. 2 und von Ménant, „*Manuel*", S. 276 (= *Gramm.* S. 298), bezeichnet mit **G**.

XI. **Xerxes-Inschrift D**. veröffentlicht von Westergaard a. a. O. Taf. XIV, a; von Saulcy a. a. O. S. 7 und von Oppert a. a. O. SS. 154—59, bezeichnet mit **D**.

XII. **Xerxes-Inschrift E**. veröffentlicht von Rich a. a. O. pl. XVIII („*Persepolis*" Nr. 2); von Westergaard a. a. O. Taf. XVII; von Saulcy a. a. O. S. 20 ff. und von Oppert a. a. O. SS. 159—61, bezeichnet mit **E**.

XIII. **Persepolis-Inschrift Ca**. veröffentlicht von Rich a. a. O. pl. XV („*Persepolis*" Nr. 1), bezeichnet mit **Ca**.

XIV. **Persepolis-Inschrift Cb**. veröffentlicht von Rich a. a. O. pl. XXII („*Pers*". Nr. 5); von Schulz a. a. O. Taf. VIII unten; von Westergaard a. a. O. Taf. XVI, a—c und von Saulcy a. a. O. S. 26 ff., bezeichnet mit **Cb**.

XV. **Inschrift von Elvend**. veröffentlicht von Schulz a. a. O. Taf. VII; von Saulcy in der „*Mém.*" vom 14. Sept. S. 38 ff. und von Ménant im „*Manuel*" S. 280 ff. (= „*Gramm.*" S. 303 f., bezeichnet mit **F**.

XVI. **Xerxes-Inschrift von Wan**, veröffentlicht von Schulz a. a. O. Taf. II unten Nr. XI; von Saulcy in der „*Mém.*" vom 27. Nov. S. 43 ff. und von Oppert a. a. O. SS. 122—54. bezeichnet mit **K**.

XVII. **Inschrift von Artaxerxes Mnemon**, veröffentlicht von Oppert a. a. O. S. 194 f., bezeichnet mit **S**.

XVIII. Hierzu ein **Bruchstück**, veröffentlicht von Oppert im *Journ. As.* VI. sér. t. VI, 1865, S. 300 f., bezeichnet mit **Sb**.

XIX. **Inschrift Artaxerxes' I.** (Bruchstück). veröffentlicht von Löwenstern im „*Exposé des Éléments constitutifs du système de la trois. écrit. cunéif.*" Par. 1847, S. 5 und von Saulcy in der *Mém.* vom Nov. S. 57 ff., von mir bezeichnet mit **Lwst.**

XX. **Venediger Inschrift**. veröffentlicht von Saulcy in der „*Mém.*" vom Nov. S. 69, nach Spiegel (2. Aufl. S. 68, vergl. 125) bezeichnet mit **Q**.

Zu fast sämmtlichen hier angeführten Texten vgl. Schrader, ABK, SS. 6—9 und 339—69.

B. Transscription

I. M.

Ana-ku $_{m}$ Ku-ra-aš šarru[1] $_{m}$ A-ḫa-man-niš-ši-'.

II. Sgl.

Ana-ku $_{m}$ Da-ri-i'a-muš šarru[2] rabu-ú[3].

IIbis. KR.

Ana-ku $_{m}$Da-a-ri-i'a-muš šarru rabu-ú šàr šarrâni$_{pl}$ šàr mâtâti[4]$_{pl}$ šàr ḳaḳ-ḳa-ru a-ga-a apil[5] $_{m}$ Uš-ta-az-pa $_{m}$ A-ḫa-man-niš-ši-'.

III. Beh. kl.

Nr. 1.

A-ga-a $_{m}$Gu-ma-a-tum[6] $_{amêlu}$Ma-gu-šu ša ip-ru-ṣu um[7]-ma a-na-ku[8] $_{m}$ Bar-zi-i'a apil[9] $_{m}$Ku-raš.

Nr. 2.

A-ga-a $_{m}$ A-ši-na ša ip-ru-ṣu um-ma ana-ku šàr $_{mât}$ Èlâmat[10] $_{ki}$.

Nr. 3.

A-ga-a $_{m}$Ni-din-tum-$_{ilu}$-Bêl[11] ša ip-ru-ṣu um-ma ana-ku $_{m}$ $_{ilu}$Nabû-kudurrî-uṣur apil-šu[12] ša $_{m}$ $_{ilu}$Nabû-nâ'id.

Nr. 4.

A-ga-a $_{m}$ Pa-ar-mar-ti-iš ša ip-ru-ṣu um-ma ana-ku $_{m}$ Ḫa-ša-at-ri-e-ti zêru ša $_{m}$ Ú-ma-ku-iš-tar.

Nr. 5.

A-ga-a $_{m}$ Mar-ti-i'a ša ip-ru-ṣu um-ma ana-ku $_{m}$ Im-ma-ni-e-šu šàr $_{mât}$ Èlâmat $_{ki}$.

Nr. 6.

A-ga-a $_{m}$ Ši-tir[13]-an-taḫ-mu ša ip-ru-ṣu um-ma ana-ku zêru ša $_{m}$ Ú-ma-ku-iš-tar.

Nr. 7.

A-ga-a $_{m}$ Ú-mi-iz-da[14]-tú ša ip-ru-ṣu um-ma a-na-ku $_{m}$ Bar-zi-i'a apil $_{m}$Ku-ra-aš.

und Übersetzung.

I. M.

Ich (bin) Kuraš, der Achämenide.

II. Sgl.

Ich (bin) Darius, der grosse König.

IIbis. KR.

Ich (bin) Darius, der grosse König, der König der Könige, der König der Länder, König dieses Erdbodens (?), der Sohn des Uštazpa, der Achämenide.

III. Beh. Kl.

Nr. 1.

Dieser (ist) Gumâtu der Mager, welcher also log: „Ich (bin) Barzia, der Sohn des Kuraš".

Nr. 2.

Dieser (ist) Ašina, welcher also log: „Ich (bin) König von Elam".

Nr. 3.

Dieser (ist) Nidintubêl, welcher also log: „Ich (bin) Nebukadnezar, der Sohn des Nabonid".

Nr. 4.

Dieser (ist) Parumartiš, welcher also log: „Ich (bin) Ḫašatriti, ein Spross des Umakuištar".

Nr. 5.

Dieser (ist) Martia, welcher also log: „Ich (bin) Imanisi, der König von Elam".

Nr. 6.

Dieser (ist) Šitrantaḫmu, welcher also log: „Ich (bin) ein Spross des Umakuištar".

Nr. 7.

Dieser (ist) Umizdâtu, welcher also log: „Ich (bin) Barzia, der Sohn des Kuraš".

Nr. 8.

A-ga-a *m* A-ra-ḫu ša ip-ru-ṣu um-ma a-na-ku *m ilu* Nabû-kudurrî-uṣur apil *m ilu* Nabû-nâ'id.

Nr. 9.

A-ga-a *m* Pa-ra-da-' ša[15] ip-ru-ṣu um-ma ana-ku šarru bêl[16] *mât* Mar-gu-'.

IV. NR.

1. Il[17] ilâni *pl* rabu-u *ilu* A-ḫu-ur-ma-az-da-' ša šamê-ê u êrṣi-tim ib-nu-u

2. u amêlûti*pl* ib-nu-ú ša dún-ki[18] a-na[19] amêlûti*pl* id--din-nu ša a-na

3. *m* Da-a-ri-i'a-muš šarri[20] ša šarrâni[21] *pl* ma-du-tum ib-nu-u. A-na-ku

4. *m* Da-a-ri-i'a-muš šarru rabu-u[22] šàr šarrâni[23]*pl* šàr mâtâti[24]

5. ša nap-ḫar lišânû gab-bi šàr ḳaḳ-ḳar ru-uḳ-tum ra-bi-tú

6. apil *m* Uš-ta-az-pa *m* A-ha-ma-niš-ši-' *amêlu* Par-sa-a-a apil

7. *amêlu* Par-sa-a-a. *m* Da-a-ri-i'a-muš šarru i-gab-bi ina ṣilli ša

8. *ilu* A-ḫu-ur-ma-az-da-' an-ni-ti[25] mâtâti[26]*pl*[27] ana-ku aṣ-ba-at e-lat

9. *mât* Par-su-u ana-ku ina muḫ-ḫi[28]-šu-nu ša-al-ṭa êpus[29] u man-da-at-tum ana-ku[30]

10. i-na-aš-šu-nu ša la-pâni-i'a at-tu-u-a ig-ga-ba-aš-šu-nu ana ap-uš[31]-šu

11. ip-pu-uš-šu-' u di-na-a-tú at-tu-u-a ḳul-lu-' *mât* Ma-da-a-a *mât* Êlâmat *ki*

12. *mât* Par-tu-ú *mât* A-ri[32]-e-mu *mât* Ba-aḫ-tar *mât* Su-ug-du *mât* Ḫu-ma-ri-iz-ma-'[33]

13. *mât* Za-ra-an-ga-' *mât* A-ru-ḫa-at-ti *mât* Sa-at-ta-gu-šú *mât* Gan-da-ri[34]

14. *mât*[35] In-du-ú *mât* Nam[36]-mir-ri *mât* Ú-mu-ur-ga-' *mât* Nam-mir-ri

15. te a bal šú ti šu-nu ra-pa-'[37] *mât* Bâbîlu *ki* *mât* Aššur *ki* *mât* A-ra-bi

16. *mât* Mi-ṣir *mât* Ú-ra-aš-ṭu *mât* Ka-at-pa-tuk-ka *mât* Sa-par-da *mât* I'a-ma-nu

17. *mât* Nam-mir-ri ša a-ḫi-ul-la-a-a ša[38] *nâr* Mar-ra-tum *mât* Iz-ku-du[39]-ru

18. *mât* I'a-ma-nu ša-nu-tú ša ma-gi-du[40]-ta ina ḳaḳḳadi[41]-šu-nu na-šú-u *mât* Pu-u-ṭa

19. *mât* Ku-ú-šú *mât* Maṣ (?)-ṣu-ú *mât* Kir[42]-ka. *m* Da-a-ri-i'a-muš šarru[43] i-gab-bi

20. *ilu* A-ḫu-ur-ma-az-da-'[44] ki i-mu-ru mâtâti[45]*pl* an-ni[46]-ti ni-ik-ra-ma

21. a-na lib-bi a-ḫa-meš[47] šú[48]-um-mu-ḫu ár-ki ana-ku id-dan-na-aš-ši-ni-ti

22. u ana-ku ina muḫ-ḫi-ši-na ana šarru-ú-tú ip-te-ḳid[49]-an-ni ana-ku šarru ina ṣilli ša

23. *ilu* A-ḫu-ur-ma-az-da-'[50] ana-ku ina aš-ri-ši-na ul-te-šib-ši-na-a-tú[51] u ša

24. ana-ku a-gab-ba[52]-aš-ši-na-a-tú ip-pu-uš-ša-' lib-bu-u ša ana-ku ṣi-ba-a-ka[53]

25. u ki-i ta-gab-bu-u um-ma mâtâti[54] *pl* an-ni-tú ak-ka-'-i-ki ib[55]-ša-'

26. ša *m* Da-a-ri-i'a-muš šarru kul-lu napḫaru[56]-*pl*-šu-nu a-mu-ru ša *iṣ* kussû at-tu-u-a

27. na-šú-u ina lib-bi tu-ma-si-iš-šu-nu-tú ina û-mu-šú-ma im-nin[57]-da-ak-ka

28. ša *ṣâb* a-me-lu *amêlu* Par-sa-a-a *iṣ* az-ma-ru-šú ru-ú-ḳu il-lik ina û-mu-šú-ma

Nr. 8.

Dieser (ist) Arahu, welcher also log: „Ich (bin) Nebukadnezar, der Sohn des Nabonid".

Nr. 9.

Dieser (ist) Parada, welcher also log: „Ich (bin) König, Herr von Margu".

IV. NR.

1. [Der grosse Gott der Götter (ist) Ormuzd, welcher Himmel und Erde geschaffen
2. und (die Menschen geschaffen hat, welcher Gnade(?) den Menschen verliehen; der den
3. Darius zum Könige vieler Könige gemacht hat. Ich bin
4. Darius, der grosse König, der König der Könige, König der Länder,
5. der Gesammtheit aller Zungen, der König des weiten, grossen Erdbodens (?),
6. der Sohn des Ustazpa, der Achämenide, ein Perser, Sohn
7. eines Persers. Der König Darius tut kund: Im Schutze des
8. Ormuzd nahm ich Besitz von den folgenden Ländern; ausser
9. Persien übe ich über sie die Herrschaft aus, und sie bringen mir
10. Tribut; was man auch ihnen vor mir befiehlt, tun sie
11. zu Willen(?), und meine Gebote halten sie hoch: Medien, Elam
12. Parthien, Arému, Baktrien, Sogdiana, Chorasmia,
13. Zaranga, Arachosien, die Sattagyden, die Gandarer,
14. Indien, die Nammiri-Umurga, die Nammiri
15. . . . . Babylonien, Assyrien, Arabien,
16. Ägypten, Armenien, Kappadocien, Saparda, Ionien,
17. die Nammiri, welche jenseits des Meeres (sind), Izkuduru,
18. andere Jonier, welche Flechtwerk(?) auf ihrem Kopfe tragen, Pûṭa,
19. Kûšu, die Maciya(?), Kirka. Der König Darius tut kund:
20. Als Ormuzd diese Länder aufständisch sah und
21. unter einander feindlich(?), da gab er sie mir
22. und bestellte mich zur Herrschaft über sie; ich (ward) König; im Schutze des
23. Ormuzd brachte ich sie (wieder) zurecht, und was
24. ich ihnen sage, (das) tun sie, sobald ich es will(?).
25. Und wenn du also sprichst: wie vielfach(?) waren diese Länder,
26. deren Gesammtheit der König Darius regierte(?), (so) blicke an meines Thrones
27. Träger, da wirst du sie erkennen(?); alsdann wird dir bekannt werden(?),
28. dass des persischen Mannes Lanze fernhin gedrungen ist; alsdann

29. im-nin[57]-da-ak-ka ša amêlu amêlu Par-sa-a-a ru-ú-ḳu ul-tu mat-su ṣal-tu
30. i-tê-pu-uš. m Da-a[58]-ri-i'a-muš šarru i-gab-bi a-ga-a gab-bi ša êp[59]-šú ina ṣilli ša
31. ilu A-ḫu-ur-ma-az-da-' ê-tê-pu-uš ilu A-ḫu-ur-ma-az-da-' is-si[60] dan-nu
32. a-di muḫ-ḫi ša a-ga-a ê-pu-uš ana-ku ilu A-ḫu-ur-ma-az-da-' li-iṣ-ṣur-an-ni
33. la-pa-ni mi-im[61]-ma bi-i-ši u a-na bîti[62]-i'a u a-na ma[63]-ti-i'a a-ga-a ana-ku
34. a-na ilu A-ḫu-ur-ma-az-da-' e-te-ri-iš ilu A-ḫu-ur-ma-az-da-' li-id-din[64]-nu
35. amêlu ša ilu A-ḫu-ur-ma-az-da-' ú-ta-'-a-ma ina muḫ-ḫi-ka la i-ma-ru-uṣ
36. lam ša . . . . . .[65]

V. NR. kl.

Nr. 1.

m Ku-bar-ra amêlu Pi-id-di-iš-ḫu-ri-iš na[66]-šú-ú iṣ [az-][67]ma-ru-ú ša m Da-a[68]-ri-i'a--muš šarri.

Nr. 2.

m Az-pa-ši-na[69] a-ga ša m Da-a-ri-i'a-muš šarri . . . . . .

Nr. 3.

A-ga-a-nu[70] amêlu Maṣ(?)[71]-a-a.

VI. B.

1.[72] m Da-ri-i'a-a-muš šarru rabu-ú 2. šàr šarrâni pl šàr mâtâti[73] pl
3. ša nap-ḫa-ri li-ša-nu gab-bi 4. apil m Uš-ta-az-pa
5. m A-ḫa[74]-ma-an-ni-iš-ši-' 6. ša bîta[75] a-ga-a i-pu-uš.

VII. O.

1. Ilu rabu-ú ilu A-ḫu-ru-ma-az-da 2. ša ḳaḳ-ḳa-ru a-ga-a
3. id-din-nu ša šamê-ê 4. an-nu-tu id-din-nu[76]
5. ša amêlu amêlûti[77] pl id-din-nu 6. ša gab-bi nu-uḫ[78]-šú
7. a-na amêlu amêlûti pl id-din-nu 8. ša a-na m Da-a-ri-i'a-a-muš[79]
9. šarri ib-nu-ú ištên[80] 10. ina šarrâni pl maḫ[81]-ru-tu ištên[82]
11. ina mu-te[83]-'-i-me pl 12. maḫ[84]-ru-tu. A-na-ku 13. m Da-a-ri-i'a-a-muš
14. šarru rabu-ú . šàr šarrâni pl
15. šàr mâtâti[85] pl ša nap-ḫar 16. li-ša-na-a-ta gab-bi
17. šarru ša ḳaḳ-ḳa-ru a-ga-a-ta 18. ra[86]-bi-tum ru-uḳ-tum
19. apìl m Uš-ta-az-pa[87] 20. m A-ḫa-ma-an[88]-ni-iš-ši-'.

VIII. L.

Ku-pu-ur-ri-e-mu[89] ga[90]-la-la i-na[91] bi-it m Da-a[92]-ri-i'a-a[92]-muš šar-ri ip-šú-'.

29. wird dir bekannt werden (?), dass der persische Mann fern von seiner Heimat eine Schlacht
30. geliefert hat. Der König Darius tut kund: Dies alles, was ich tat, habe ich im Schutze des
31. Ormuzd getan, Ormuzd (war) mein starker Beistand,
32. bis dass ich es getan habe. Mich möge Ormuzd schützen
33. vor allem Bösen, und (auch) mein Haus und mein Land; darum flehe ich
34. Ormuzd an; Ormuzd möge gewähren!
35. O Mensch! Was Ormuzd befiehlt, lehne dich nicht dagegen auf!
36. ? . . . . .

V. NR. kl.

Nr. 1.

Kubara, ein Pidišhuriš, der Lanzenträger des Königs Darius.

Nr. 2.

Azpašina (ist) dies, des Königs Darius . . . . . .

Nr. 3.

Hier (sind) die Maciya (?).

VI. B.

1. Darius, der grosse König, 2. der König der Könige, König der Länder,
3. der Gesammtheit der Zungen, 4. der Sohn des Uštazpa,
5. der Achämenide, 6. welcher dieses Haus gemacht hat.

VII. O.

1. Ein grosser Gott (ist) Ormuzd, 2. welcher diesen Erdboden (?)
3. schuf, welcher diesen 4. Himmel schuf,
5. welcher die Menschen schuf, 6. welcher lauter Glück
7. den Menschen verlieh, 8. welcher den König
9. Darius machte einzig 10. unter den früheren Königen, einzig
11. unter den früheren 12. Gebietern. Ich (bin) 13. Darius,
14. der grosse König, der König der Könige,
15. König der Länder, der Gesammtheit 16. aller Zungen,
17. der König dieses Erdbodens (?), 18. des grossen, weiten,
19. der Sohn des Uštazpa, 20. der Achämenide.

VIII. L.

? ? , im Hause des Königs Darius gemacht.

IX. H.

1. $_{ilu}$ Ú[93]-ru-ma-az-da ra-bi ša ra-bu[94]-ú[95] ina muḫ-ḫi ilâni $_{pl}$ gab-bi
2. ša šamê-ê u êrṣi-tim ib-nu-ú u amêlûti[96] $_{pl}$ ib-nu-ú ša dún-ki[97]
3. gab-bi id-din-nu-ma[98] amêlûti$_{pl}$ ina lib-bi bal-ṭu-' ša a-na
4. $_{m}$ Da-a-ri-i'a-muš šarri ib-nu-ú u a-na $_{m}$Da-a-ri-i'a-muš
5. šarri šarru-ú-tu id-din-nu ina ḳaḳ-ḳar a-ga-a rap-ša-a-tum
6. ša mâtâti[99]$_{pl}$ ma-di-e-tum ina lib-bi-šu $_{mât}$ Par-su
7. $_{mât}$ Ma-da-a-a u mâtâti[99] $_{pl}$ ša-ni-ti-ma li-ša-nu[100]
8. ša-ni-tum ša šadê$_{pl}$ u ma-a-tum ša a-ḫa-na-a-a
9. a-ga-a ša[101] $_{nâr}$ Mar-ra-tum u a-ḫu-ul-lu-a-a
10. ul-li-i ša $_{nâr}$ Mar-ra-tum ša a-ḫa[102]-na-a-a
11. a-ga-a ša ḳaḳ-ḳar ṣu-ma-ma-i-tum u a-ḫu-ul-lu-a-a ul-li-i
12. ša ḳaḳ-ḳar ṣu-ma-ma-i-tum. $_{m}$ Da-a-ri-i'a-muš šarru
13. i-gab-bi ina ṣilli ša $_{ilu}$ Ú-ru-ma-az-da a-ga-ni-e-tum
14. mâtâti[103] $_{pl}$ ša a-ga-a i-pu-ša-' ša a-gan[104]-na ip-ḫu-ru(m)
15. $_{mât}$ Par-su $_{mât}$ Ma-da-a-a u mâtâti $_{pl}$ ša-ni-ti-ma
16. li-ša-nu ša-ni-tum ša šadê $_{pl}$ u ma-a-tum ša a-ḫa-na-a-a
17. a-ga-a ša $_{nâr}$ Mar-ra-tum u a-ḫu-ul-lu-a-a ul-li-i[105]
18. ša $_{nâr}$ Mar-ra-tum u a-ḫa-na-a-a a-ga-a ša ḳaḳ-ḳar
19. ṣu-ma-ma-i-tum u a-ḫu-ul-lu-a-a ul-li-i
20. ša ḳaḳ-ḳar ṣu-ma-ma-i-tum lib-bu-ú ša a-na-ku
21. ṭe[106]-e-me aš-ku-un-nu-uš-šu-nu ša a[107]-na-ku
22. ê-pu-uš gab-bi ina ṣilli ša $_{ilu}$ Ú[108]-ru-ma-az-da
23. ê-tê-pu-uš a-na-ku $_{ilu}$ Ú-ru-ma-az-da li-iṣ-ṣur
24. it-ti ilâni $_{pl}$ gab-bi a-na ana-ku u a-na ša a-na-ku a-bil (?).

X. G.

1. [109] $_{m}$ Ḫi-ši-'[110]-ar-ši šarru 2. rabu-ú šàr šarrâni $_{pl}$ apil[111]
3. $_{m}$ Da-a-ri-i'a-a[112]-muš šarri 4. $_{m}$ A-ḫa-ma-an-niš-ši-'[113].

XI. D.

1. Ilu rabu-ú $_{ilu}$ A-ḫu-ru-ma-az-da-' ša ḳaḳ-ḳa[114]-ru
2. a-ga-' id-din-nu ša šamê-ê an-nu-ú-tu id-din-nu
3. ša a-me-lu-ú-tú id-din-nu ša dún-ki[115] a-na a-me-lu-ú-tú
4. id-din-nu ša a-na $_{m}$ Ḫi-ši-'-ar-ši šarri ib-nu-ú iš-tin
5. ina šarrâni $_{pl}$ ma-du-ú-tu iš-tin ina mu-te-'-e-me ma-du-ú-tu.
6. A-na-ku $_{m}$ Ḫi-ši-'-ar-ši šarru ra-bu-ú šàr šarrâni $_{pl}$
7. šàr mâtâti[116]$_{pl}$ ša nap-ḫa-ar li-ša-nu$_{pl}$ šàr ḳaḳ-ka-ru a-ga-a-ta[117]

IX. H.

1. Gross (ist) Ormuzd, welcher der grösste über allen Göttern (ist),
2. welcher Himmel und Erde geschaffen hat, welcher lauter
3. Gnade den Menschen verlieh, (die) darauf leben, welcher den
4. Darius zum König gemacht hat und dem Könige
5. Darius die Herrschaft verliehen auf diesem weitausgedehnten Erdboden (?),
6. auf welchem viele Länder (liegen): Persien,
7. Medien und die anderen Länder anderer
8. Zunge; der Berge und des Flachlandes, dies-
9. seits des Meeres und jen-
10. seits des Meeres, dies-
11. seits der Wüste und jenseits
12. der Wüste. Darius der König
13. tut kund: Im Schutze Ormuzd's (waren es) die folgenden
14. Länder, welche solches taten, welche hier sich versammelten:
15. Persien, Medien und die anderen Länder
16. anderer Zunge, der Berge und des Flachlandes, dies-
17. seits des Meeres und jenseits
18. des Meeres und diesseits der
19. Wüste und jenseits
20. der Wüste, — sobald ich
31. ihnen Befehle erteilte. Was ich
22. getan habe, habe ich alles im Schutze des Ormuzd
23. vollbracht; mich möge Ormuzd schützen
24. sammt allen Göttern, mich und dasjenige, was ich . . ? . .

X. G.

1. Xerxes, der grosse 2. König, der König der Könige, der Sohn
3. des Königs (Darius, 4. der Achämenide.

XI. D.

1. Ein grosser Gott (ist) Ormuzd, welcher diesen
2. Erdboden (?) schuf, welcher diesen Himmel schuf,
3. welcher die Menschen schuf, der (da) Gnade den Menschen
4. verlieh, welcher Xerxes den König schuf, als einzigen
5. unter vielen Königen, als einzigen unter vielen Herrschern.
6. Ich (bin) Xerxes, der grosse König, der König der Könige,
7. der König der Länder, der Gesammtheit der Zungen, der König dieses Erdbodens.

8. rabî-ti ru-uḳ[118]-ti âplu ša *m* Da-a-ri-i'a-a[119]-muš šarri
9. *m* A-ḫa-ma-an-ni-iš-ši-'. *m* Ḫi-ši-'-ar-ši šarru
10. i-gab-bi ina ṣilli ša *ilu* A-ḫu-ru-ma-az-da-' bâba[120]
11. a-ga-a Ú-'-is-sa[121]-da-a-'-i šùm-šu a-na-ku
12. è-tè-pu-uš u ša-nu-ú-ti-ma ma-du-ú-tu
13. tab-ba-nu-ú[122]-tu è-tè-pu-uš ina *mât* Par[123]-sa a-ga-'[124]
14. ša a-na-ku è-pu-uš-šú u ša abu-ú-a i-pu-uš-šú
15. u ša ib[125]-ša-' im-mar-ru tab-ba-nu-ú[126] ul-lu-ú-tu gab-bi
16. ina ṣilli ša *ilu* A-ḫu-ru-ma-az-da-' ni-tè-pu-uš.
17. *m* Ḫi-ši-'-ar-ši šarru i-gab-bi *ilu* A-ḫu-ru-ma-az-da-'
18. a-na-ku li-iṣ-ṣur-an-ni u ša a-na šarru[127]-ú-ti-i'a u mâtâti[128]-*pl*-i'a
19. u ša a-na-ku è[129]-pu-uš-šú u ša abu-ú-a i[130]-pu-uš-šú
20. ul-lu-ú-um-ma *ilu* A-ḫu-ru-ma-az-da-' li-iṣ-ṣur.

XII. E.

1. Ilu rabu-ú *ilu* A-ḫu-ru-ma-az-da-' ša ḳaḳ-ḳa-ru a-ga-a id-din-nu
2. ša šamê-ê an-nu-ti id-din-nu ša amêl-lut[131]-ti id-din-nu
3. ša dún-ki[132] a-na *amêlu* amêlûti[133] *pl* id-din-nu ša šarru-ú-ti a-na *m* Ḫi-ši-'-ar-ši id-din-nu
4. iš-tin a-na šarrâni *pl* ma-du-ú-tu iš-tin[134] mu-te-'-e-me-' ma-du-ú-tu. A-na-ku
5. [135] *m* Ḫi-ši-'-ar-ši šarru rabu-ú šàr šarrâni *pl* šàr mâtâti[136] *pl* ša nap-ḫa-ar[137] li-ša-nu *pl*
6. šàr ḳaḳ-ḳa-ru a-ga-a-ta rabî-ti ru-uḳ-ḳu-ti apil *m* Da-a-ri-i'a-a-muš šarri
7. *m* A-ḫa-ma-an[138]-niš-ši-'. *m* Ḫi-ši-'-ar-ši šarru rabu-ú i-gab-bi
8. ša a-na-ku a-gan-na è-pu-uš-šú u ina ḳaḳ-ḳa-ru ša-nam-ma è-pu-uš-šú
9. gab-bi ma[139]-la è-pu-uš-šú i-na ṣilli ša *ilu* A-ḫu-ru-ma-az-da-'
10. è-tè-pu-uš a-na-ku *ilu* A-ḫu-ru-ma-az-da-' li-iṣ[140]-ṣur-an-ni
11. [141] it-ti ilâni *pl* u a-na šarru-ú-ti-i'a[142] u a-na ša è-pu-uš-šú.

XIII. Ca.

1. Ilu ra-bu-ú *ilu* A-ḫu-ur-ma-az-da-' ša šamê-ê ib-nu-ú
2. û ir-ṣi-tim a-ga-a-ta ib-nu-ú ša[143] amêlûti[144] *pl* ib-nu-ú ša du-un-ḳu
3. a-na amêlûti *pl* id-din-nu ša a-na *m* Ḫi-ši-'-ar-ša-' šarri ib-nu-ú
4. šarru ša šarrâni *m* ma-du-ú-tum ša è-diš-ši-šu a-na nap-ḫa-ar mâtâti[145] *pl*
5. ga-ab-bi ú-ta-'-a-ma. A-na-ku *m* Ḫi-ši-'-ar-ša-' šarru rabu-ú šàr šarrâni *pl*
6. šàr mâtâti[145] *pl* ša nap-ḫa-ar li-ša-nu ga-ab-bi šàr ḳaḳ-ḳa-ri a-ga-a-ta
7. ra-bi-i-ti ra-pa-aš-tum apil *m* Da-a-ri-i'a-a[146]-muš šarri *m* A-ḫa-ma-an-ni-iš-ši-'.
8. *m* Ḫi-ši-'-ar-ša-' šarru rabu-ú i-ga-ab-bi i-na ṣi-il-li ša

8. des grossen, weiten, der Sohn des Königs Darius,
9. der Achämenide. Xerxes der König
10. tut kund: Im Schutze des Ormuzd habe ich dieses
11. Tor Namens Visadahyu
12. aufgeführt und zahlreiche andere
13. Gebäude aufgeführt in diesem (?) Persien (hier);
14. die ich machte und die mein Vater machte
15. und die da sind (und) geschaut werden (?), alle jene Bauten
16. haben wir im Schutze Ormuzd's aufgeführt.
17. Xerxes der König tut kund: Ormuzd möge
18. mich beschützen und das, was meiner Herrschaft (angehört), und meine Länder,
19. und was ich gemacht habe und was mein Vater gemacht hat,
20. (auch) . jenes möge Ormuzd schützen.

XII. E.

1. Ein grosser Gott (ist) Ormuzd, welcher diesen Erdboden (?) schuf,
2. welcher diesen Himmel schuf, welcher die Menschen schuf,
3. welcher Gnade den Menschen verlieh, welcher die Herrschaft dem Xerxes verlieh,
4. als einzigem unter vielen Königen, einzigem von vielen Herrschern. Ich (bin)
5. Xerxes, der grosse König, der König der Könige, der König der Länder, der Gesammtheit der Zungen,
6. der König dieses grossen, weiten Erdbodens (?), der Sohn des Königs Darius,
7. der Achämenide. Xerxes, der grosse König, tut kund:
8. Das, was ich hier getan habe und (auch) auf anderem Gebiet getan habe,
9. alles, soviel ich getan, habe ich im Schutze des Ormuzd
10. vollbracht; mich möge Ormuzd schützen
11. sammt den (übrigen) Göttern, und meine Herrschaft und das, was ich gemacht habe.

XIII. Ca.

1. Ein grosser Gott (ist) Ormuzd, welcher den Himmel schuf
2. und diese Erde schuf, welcher die Menschen schuf, welcher Gnade
3. den Menschen verlieh, welcher Xerxes, den König, machte
4. zum König vieler Könige, der allein über die Gesammtheit aller
5. Länder gebietet. Ich (bin) Xerxes, der grosse König, der König der Könige,
6. der König der Länder, der Gesammtheit aller Zungen, der König dieses Erdbodens (?),
7. des grossen, weitausgedehnten, der Sohn des Königs Darius, der Achämenide.
8. Xerxes, der grosse König, tut kund: Im Schutze des

9. $_{ilu}$ A-ḫu-ur-ma-az-da-' bi-it a-ga-a $_{m}$ Da-a-ri-i'a-a-muš[147] šarru
10. abu-ú-a at-tu-ú-a i-tê-pu-uš-šú (?,[148] a-na-ku $_{ilu}$ A-ḫu-ur-ma-az-da-'
11. li-is-ṣur-an-ni it-ti ilâni $_{pl}$ ga-ab-bi û ša a-na-ku ê-pu-uš-šú
12. û ša $_{m}$ Da-a-ri-i'a-a-muš šarru abu-ú-a at-tu-ú-a i-pu-uš[149]-šú
13. û a-ga-šú-ú $_{ilu}$ A-ḫu-ur-ma-az-da-' li-iṣ-ṣur it-ti ilâni $_{pl}$ ga-ab-bi.

XIV. Cb.

1. [150]Ilu ra-bu-ú $_{ilu}$ A[151]-ḫu-ur-ma-az-da-' 2. ša šamê-ê ib-nu-ú û ir-ṣi-tim
3. a-ga-a-ta[152] ib-nu-ú ša amêlûti[153]$_{pl}$ ib-nu-ú
4. ša du-un-ḳu a-na amêlûti $_{pl}$ id-din-nu ša a-na
5. $_{m}$ Ḫi-ši-'-ar-ša-' šarri ib-nu-ú 6. šarru ša šarrâni[154]$_{pl}$ ma-du-ú-tum ša ê-diš[155]-ši-šu
7. a-na nap-ḫa-ar mâtâti[156]$_{pl}$ ga-ab-bi 8. ú-ta-'a-ma. A-na-ku $_{m}$ Ḫi-ši-'-ar-ša-'
9. šarru rabu-ú šàr šarrâni$_{pl}$ šàr mâtâti[156] $_{pl}$.
10. ša nap[157]-ha-ar li-ša-nu ga-ab-bi 11. šàr ḳaḳ-ḳa-ri[158] a-ga-a-ta ra-bi-i-ti
12. ra-pa-aš-tum apil $_{m}$ Da-a-ri-i'a-a[159]-muš šarri 13. $_{m}$A-ha-ma-an-ni[160]-iš-ši-'.
14. $_{m}$ Ḫi-ši-'-ar-ša-' šarru rabu-ú 15. i-ga-ab-bi i-na ṣi-il-li
16. ša $_{ilu}$ A-ḫu-ur-ma-az[161]-da-' bi-it 17. a-ga-a $_{m}$ Da-a[162]-ri-i'a-a-muš šarru
18. abu-ú-a at-tu-ú-a i-tê-pu-uš-šú (?)[163] 19. a-na-ku[164] $_{ilu}$ A-hu-ur-ma-az-da-'
20. li-iṣ-ṣur[165]-an-ni it-ti ilâni[166] $_{pl}$ 21. ga-ab-bi û ša a-na-ku ê-pu-uš-šú
22. û ša $_{m}$ Da-a-ri-i'a-a-muš[167] šarru 23. abu-ú-a at-tu-ú-a i-pu-uš-šú
24. û[168] a-ga-šú-ú $_{ilu}$ A-ḫu-ur-ma-az-da-' 25. li-iṣ-ṣur it-ti ilâni $_{pl}$ ga-ab-bi.

XV. F.

1. Ilu rabu-ú $_{ilu}$ A-ḫu-ur-ma-az-da-' 2. ra-bu-ú ša ilâni $_{pl}$
3. ša ḳaḳ-ḳa-ra[169] a-ga-a 4. id-din-na ša šamê-ê
5. a-ga-a[170] id-din-na 6. ša- a-mê[171]-lut[172]-tum a-ga-a
7. id-din-na ša dún-ki a-na 8. a-mê[171]-lut[172]-tum id-din-na
9. ša a-na $_{m}$ Ḫi-ši-'-ar-ša-' 10. [173]šarri ib[174]-nu-ú ištê-en ina šarrâni $_{pl}$
11. ma-du-ú-tu ina mu-ta-'-i-me-e 12. maḫ-ru-tu ištê-en. A-na-ku
13. $_{m}$ Ḫi-ši-'-ar-ša-' 14. šarru rabu-ú šàr šarrâni $_{pl}$
15. šàr mâtâti[175]$_{pl}$ šarru ša nap-ḫar
16. mâtâti[175] $_{pl}$ šarru ša ḳaḳ-ḳa-ra 17. a-ga[176]-ta ra-bi-tum
18. ra-pa-aš-tum àplu ša 19. $_{m}$ Da-a-ri-i'a-a-muš[177] šarri
20. [178]$_{m}$ A-ḫa-ma-an-ni-iš-ši-i.

XVI. K.

I. 1. (1)[179] Ilu rabu-ú $_{ilu}$ A-ḫu-ur-ma-az-da-' (2) ra-bu-ú
2. ša ilâni$_{pl}$ ša šamê-ê ib-nu-ú (3) u êrṣi-tim
3. ib-nu-ú u amêlûti $_{pl}$ ib-nu-ú (4) ša dún-ki[180] a-na amêlûti[181] $_{pl}$ id-din-na
4. (5 ša a-na $_{m}$[182] Ḫi-ši-'-ar-ša-' šarri (6) ib-nu-ú

9. Ormuzd hat dieses Haus der König Darius,
10. mein Vater, gebaut; mich möge Ormuzd
11. beschützen sammt allen Göttern, und was ich gemacht habe,
12. und was der König Darius, mein Vater, gemacht hat,
13. auch dies möge Ormuzd sammt allen Göttern schützen.

XIV. Cb.

1. Ein grosser Gott (ist) Ormuzd, 2. welcher den Himmel schuf und diese
3. Erde schuf, welcher die Menschen schuf,
4. welcher Gnade den Menschen verlieh, welcher den
5. König Xerxes machte 6. zum König vieler Könige, der allein
7. über die Gesammtheit aller Länder 8. gebietet. (Ich bin) Xerxes,
9. der grosse König, der König der Könige, der König der Länder,
10. der Gesammtheit aller Zungen, 11. der König dieses Erdbodens (?), des grossen,
12. weitausgedehnten, der Sohn des Königs Darius, 13. der Achämenide.
14. Xerxes, der grosse König, 15. tut kund: im Schutze
16. des Ormuzd hat dieses 17. Haus der König Darius,
18. mein Vater, gebaut; 19. mich möge Ormuzd
20. schützen sammt allen 21. Göttern, und was ich gemacht habe,
22. und was der König Darius, 23. mein Vater, gemacht hat,
24. auch dies möge Ormuzd 25. sammt allen Göttern schützen.

XV. F.

1. Ein grosser Gott (ist) Ormuzd, 2. der grösste der Götter,
3. welcher diesen Erdboden (?) 4. schuf, welcher diesen
5. Himmel schuf, 6. welcher diese Menschen
7. schuf, welcher Gnade den 8. Menschen verlieh,
9. welcher Xerxes, 10. den König, einzig erschuf unter vielen
11. Königen, einzig unter den 12. früheren Herrschern. (Ich
13. bin) Xerxes, 14. der grosse König, der König der Könige,
15. der König der Länder, der König der Gesammtheit
16. der Länder, der König dieses 17. Erdbodens (?), des grossen,
18. weitausgedehnten, der Sohn des 19. Königs Darius,
20. der Achämenide.

XVI. K.

1. Ein grosser Gott (ist) Ormuzd, der grösste
2. der Götter, welcher den Himmel schuf und die Erde
3. schuf und die Menschen schuf, welcher Gnade den Menschen verlieh,
4. welcher Xerxes den König machte

5. šarru ša šarrâni[183] pl (7) ma-du-ú-tu ša ê-diš-ši-šu
6. a-na (8) nap-ḫa-ar[184] mâtâti[185] pl ga-ab-bi (9) ú-ta-'-a-ma.
II. 7. A-na-ku (10) m Hi-ši-'-ar-ša[186]-' šarru rabu-ú (11) šarru
8. ša šarrâni[187] pl šàr mâtâti[188] pl (12) šàr nap[189]-ḫa-ar
9. li-ša-nu[190] gab-bi šàr • ḳaḳ-ḳa-ri (13) ra-bi-tum
10. ra-pa-aš-tum apil m Da-ri-i'a-a-muš (14) šarri
11. m A-ḫa-ma-an[191]-ni-iš-ši-'.
III. 12. (15) m Hi-ši-'-ar-ša-' šarru i-gab-bi (16) m Da-ri-i'a-a[192]-muš
13. šarru ša šú-ú[193] (17) abu-ú-a ina ṣi-il-li (18) ša
14. ilu A-ḫu-ur-ma-az-da-' ma-a (?)[194]-du-ú-tú (19) tab-ba-nu-ú
15. ša i-pu-uš-šú ù (20)[195] a-ga-a ša-du-ú ṭe-e-mu
16. (21) [iš-][196]ta-kan a-na ê-piš . . ? . . ? . .[197] ma (22) ina muḫ-ḫi
17. ul iš-ṭu-ur ár-ki a-na-ku (23) ṭe-e-mu al-ta-kan
18. a-na ša-ṭa-[ri ?] . . ? . .[198]
IV. 19. (24) A-na-ku ilu A-ḫu-ur-ma-az-da-' (25) li-iṣ-ṣur-an-ni
20. it-ti ilâni pl (26) ga-ab-bi[199] ù a-na šarru-ú-ti-i'a (27) û
21. ša a-na-ku ê-pu-uš-šú.

XVII. S.

1. I-ḳa-ab-bi m Ar-tak-šat-su šarru ra-bu-u šarru ša
2. šarrâni[200] pl šarru ša mâtâti[201] pl ša i-na muḫ-ḫi ḳaḳ-ḳar
3. gab[202]-bi aplu ša m Da-a-ri-i'a-muš šarri m Da-a-ri-i'a
4. -muš šarru àplu ša m Ar-tak-šat-su šarri m Ar-tak-šat-su
5. šarru àplu ša m Ḫi-ši-'-ar-šu šarri m Hi-ši-'-ar-šu
6. šarru àplu ša m[203] Da-a-ri-i'a-muš šarri m Da-a-ri-i'a-
7. -muš šarru àplu ša m Uš-ta-az-pu zêr m A-ḫa-ma-ni-
8. -ši-'. A-ga šùm Ap-pa-da-an m Da-a[204]-ri-i'a-muš
9. AD.AD.AD-i'a i-tê-pu-uš ina ṭur-ri ul-lu-ú
10. ina pa-ni m Ar-tak-šat-su AD.AD-i'a i-ša-tum
11. uš-ta-ak-ka-al-šu i-na ṣilli ilu A-ḫu-ru-
12. mu-uz-du ilu A-na-aḫ-i-tu u ilu Mi-it-ri
13. [a-na-ku a-ga šùm Ap-pa-da-an ê-pu-]uš
14. ilu A-ḫu-ru-mu-uz-du ilu A-na-aḫ-i-tu-'
15. u ilu Mi-it-ri ana ana-ku li-iṣ-ṣu-[ru-'-
16. -in-ni la-pa-ni mi-im-ma bi-i-ši u ša ana-ku
17. êpušu[205] la ú-ma-]a,ḫ-ḫi-ṣu la ú-ḫa-ab-ba-
18. lu-uš.

XVIII. Sb.

1. . . . . . ku m Ár-tak-šat-su ša-ar-ri rabu . . . . .

5. zum König vieler Könige, der allein
6. über die Gesammtheit aller Länder gebietet.
7. Ich (bin) Xerxes, der grosse König, der König
8. der Könige, der König der Länder, der König der Gesammtheit
9. aller Zungen, der König des grossen, weitausgedehnten
10. Erdbodens (?), der Sohn des Königs Darius,
11. der Achämenide.
12. Xerxes der König tut kund: Der König
13. Darius, der da ist mein Vater, — im Schutze des
14. Ormuzd (stehen) die vielen Gebäude,
15. welche er aufgeführt hat, und diesen Berg erliess
16. er einen Befehl zu vollführen . . ? . . ? . . , aber darauf
17. schrieb er nicht; darauf erliess ich einen Befehl
18. zu beschreiben . . ? . .
19. Mich möge Ormuzd schützen
20. sammt allen Göttern, und meine Herrschaft und
21. was ich gemacht habe.

XVII. S.

1. Er tut kund Artaxerxes, der grosse König, der König der
2. Könige, der König der Länder, welche auf dem ganzen
3. Erdboden (?), der Sohn des Königs Darius: Der König
4. Darius (war) der Sohn des Königs Artaxerxes, der König
5. Artaxerxes der Sohn des Königs Xerxes, der König
6. Xerxes der Sohn des Königs Darius, der König
7. Darius der Sohn des Uštazpa, Sprosse des Achä-
8. menes. Dieses (Gebäude), Namens Apadan, hatte Darius,
9. mein Ahne, auf jenem Berge (?) errichtet;
10. zur Zeit (?) des Artaxerxes, meines Grossvaters, hatte Feuer
11. dasselbe zerstört (?); im Schutze des Ormuzd,
12. der Anaḫitu und des Mitri
13. [habe ich dieses (Gebäude), Namens Apadan, (wieder) errichtet;]
14. Ormuzd, Anaḫitu
15. und Mitri mögen [mich] beschützen
16. [vor allem Bösen und das, was ich
17. gemacht habe, nicht] zerstören (?) noch es ver-
18. derben (?).

XVIII. Sb.

1. . . . . . (des) Artaxerxes, des grossen Königs . . . . .

2. . . . . . ri ḳaḳ-ḳa-ru aplu ša m Da-ri . . . . .
3. . . . . . šat-su šarru ina ṣilli[206] ilu A-ḫu-ur . . . . .

XIX. Lwst.

1. iš-tin[207] [ina mu-te-'-e-me ma-du-ú-tu].
2. A-na-ku [m Ar-ta-ak[208]-is-su šarru rabu-ú šàr]
3. šarràni[209] pl šàr màtàti[210] [pl ša nap-ḫa-ri li-ša-nu pl]
4. šàr ḳaḳ-ḳa-ru a-[ga-a rabî-ti ru-uḳ-ti apil[211]]
5. m Ḫi-ši-'-ar-ši-[' šarri apil m Da-a-ri-i'a-muš šarri]
6. A-ḫa-ma-[an-MAN-iš-ši-'].
7. m Ar-ta-ak-[ši-is-su šarru i-gab-bi]
8. i-na ṣilli [ša ilu A-ḫu-ru-ma-az-da-']
9. bîta a-ga-a [ša ê-pu-uš û ša]
10. abu-ú-a at-[tu-ú-a i-pu-uš-šú]
11. ê-tê-pu-uš[212] a-na[-ku ilu A-ḫu-ru-ma-az-da-']
12. li-iṣ-ṣur-an-[ni û ša ê-pu-uš-šú]
13. û šarru-ú-ti-[i'a û màtàti-pl-i'a].

XX. Q.

m Ar-ta-'-ḫa-ša-is-su šarru rabu-ú.

2\. . . . . . Erdboden (?), Sohn des Dari(us) . . . . .
3\. . . . . . König (Arta)xerxes; im Schutze Ormuzd's . . . . .

XIX. Lwst.

1\. einzig [unter vielen Herrschern].
2\. Ich (bin) [Artaxerxes, der grosse König, der König]
3\. der Könige, der König der Länder, [der Gesammtheit der Zungen].
4\. der König [dieses grossen, weiten] Erdbodens (?), [der Sohn]
5\. des [Königs] Xerxes, [Sohnes des Königs Darius],
6\. der Achämenide.
7\. Artaxerxes [der König tut kund:]
8\. Im Schutze [des Ormuzd]
9\. habe ich dieses Haus [welches ich baute, und welches
10\. mein Vater [baute].
11\. errichtet; mich [möge Ormuzd]
12\. schützen, [und was ich gemacht habe].
13\. und meine Herrschaft [und meine Länder].

XX. Q.

Artaxerxes, der grosse König.

Wörterverzeichniss.

א

abu „Vater"; Ideogr. AD Beh, 1. 2bis; mit Suffixen: *abû'a* „mein Vater" *(abu-u-a* Beh, 1; *abu-ú-a* Beh, 64; D, 14. 19; Ca, 10, 12; Cb, 18. 23; K, 13; Lwst, 10); *abušunu* „ihr Vater" *(abu-šu-nu)* Beh, 12; plur: *abû (a-bu)* Beh, 18; geschrieben: AD.UD Beh, 3.

abil *(a-bil?)* H, 24.

ebêru „überschreiten"; *nitêbir* „wir überschritten" *(ni-te-bi-ir)* Beh, 35.

agâ „dieser, dieses" *(a-ga-a* Beh. 2. 4. 11. 27. 89bis; KR; Beh. kl, 1—9; NR, 30. 32. 33; B, 6; O, 2; H, 5. 9. 11. 14. 17. 18; D, 11; E, 1; Ca, 9; Cb, 17; F, 3. 5. 6; Lwst, 9; *a-ga* NR. kl, 2; S, 8; *a-ga'* D, 2. 13); fem.: *agâta* „diese" *(a-ga-a-ta* O, 17; D, 7; E, 6; Ca, 2. 6; Cb, 3. 11; *a-ga-ta* Beh, 10; F, 17); plur. masc.: *agânûtu (a-gan-nu-tu)* Beh, 106. 112; fem.: *agânêtu (a-ga-ni-e-tú)* Beh, 7. 8. 9; *(a-ga-ni-e-tum)* H, 13. Mit pronominalen *N*-Stamm zusammengesetzt: **aganna, agannu** „hier" *(a-gan-na)* H, 14; E, 8; *(a-gan-nu)* Beh, 12; *(a-ga-a-nu?)* NR. kl, 3. Mit pronominalem *Š*-Stamm zusammengesetzt: **agâšû** „dieser, der" *(a-ga-šú-u)* Beh, 12. 18. 20. 23. 25. 26. 28. 38. 42. 75. 93. 94; *(a-ga-šú-ú)* Beh, 77. 78. 82. 94. 109; Ca, 13; Cb, 24; plur.: *agâšunu* „diese" *(a-ga-šu-nu)* Beh, 46. 65.

adi „bis" *(a-di)* Beh, 10. 27. 47. 84. 109; NR, 32.

Adaru ein Monatsname, geschr.: ŠE Beh, 15.

êdišu „allein"; *êdišišu* „er allein" *(e-diš-ši-šu)* Ca, 4; Cb, 6; K, 5.

aḫu „Bruder"; Ideogr.: ŠEŠ; mit Suffix: *ahušu* „sein Bruder" (ŠEŠ.*šu*) Beh, 12.

aḫullu'â, aḫi'ullâ'a „jenseits" *(a-ḫu-ul-lu-a-a)* H, 9. 11. 17. 19; *(a-ḫi-ul-la-a-a)* NR, 17.

aḫamêš in: *ana libbi aḫamêš* „unter einander" *(a-na lib-bi a-ḫa-meš)* NR, 21.

aḫanâ'a „diesseits" *(a-ḫa-na-a-a)* H, 8. 10. 16. 18.

aka'iki *(ak-ka-'i-ki)* ? NR, 25.

akâlu „essen"; III, 2: „verzehren" (vom Feuer); *uštakkalšu* „es verzehrte ihn" *(uš-ta-ak-ka-al-šu)* S, 11.

ul „nicht" Beh, 13; K, 17; *ul — ul* „weder — noch" Beh, 104; *manma ul* „keiner" Beh, 21.

alu „Stadt"; Ideogr.: ER Beh, 23. 36. 41. 45. 49. 57.

ilu „Gott"; Ideogr.: DINGIR O, 1; D, 1; E, 1; Ca, 1; Cb, 1; F, 1; K, 1; st. c.: *il* NR, 1; plur.: *ilâni* (DINGIR *pl*) Beh, 25. 103; NR, 1; H, 1. 24; E, 11; Ca, 11. 13; Cb, 20. 25; F. 2; K, 2. 20.

elû „fahrend, reitend": plur.: *eli'a (elê?) ša sisê (e-li-i'a ša sisê)* „Reiter, Berittene" Beh, 59. 75. 38; *(e-li-i'a)* Beh, 82.

alâku „gehen, ziehen"; impf.: *illik (il-lik)* Beh, 59. 75; NR, 28; pl.: *illikû (il-li-ku-')* Beh, 55; 1. ps. sgl.: *allik (al-lik)* Beh, 33; *allaku (al-la-ku)* Beh, 29. 47; imper.: *alka (al-ka)* Beh, 79; *alik (a-lik)* Beh, 86; — I, 2 impf.: *italak (it-ta-lak)* „er zog" Beh, 45. 69; *italku (it-tal-ku)* Beh, 14; *atalak (at-ta--lak)* Beh, 36. 39: pl.: *italkû (it-tal-ku-')* Beh, 16. 50. 54. 73.

ullû „jener"; *ullû (ul-lu-ú)* S, 9; *ulli (ul-li-i)* H, 10. 11. 17. 19; *ullû́-ma (ul-lu-ú-um-ma)* D, 20; pl.: *ullûtu* „jene" *(ul-lu-ú-tu)* D, 15.

ultu „von . . . . aus": *ultu (ul-tu)* Beh, 3. 15. 18; NR, 29.

êlât „ausser": *êlât (e-lat)* NR, 8.

amêlu „Mann, Mensch": *amêlu (a-me-lu)* NR, 28; Ideogr.: MULU Beh, 8. 29. 68. 82. 97. 105bis; NR, 29. 35; pl.: *amêlûtu (a-me-lu-ú-tú)* D, 3bis; *(a-me-lut-tum)* F, 6. 8; (MULU. *lut-ti*) E, 2; Ideogr.: MULU$_{pl}$ Beh, 1; UŠ$_{pl}$ NR, 2bis; H, 3; E, 3; Ca, 2. 3; Cb, 3. 4; K, 3bis; ŠAR$_{pl}$ O, 5. 7; A$_{pl}$ H, 2.

amâlu „?": I, 2 *itêmil(?)*, geschrieben: *it-te-mil* Beh, 32.

ummu „Mutter"; mit Suff.: *ummušunu* (AMA . *šu-nu*) „ihre Mutter" Beh, 12.

umma „sodann, also" *(um-ma)* Beh. 30. 31. 37. 43. 61. 79. 85. 86. 88. 90. 91. 92. 100; Beh. kl, 1—9; NR, 25.

amâru „sehen"; impf.: *îmuru (i-mu-ru)* NR, 20; präs.: *îmaru (im-mar-ru)* D, 15; *tamari (tam-ma-ri)* Beh, 106; mit Suffix: *imarûš(u)* „sie sahen ihn" *(im-ma-ru-uš)* Beh, 60; *(im-ma--ru-šú)* Beh, 63; imper.: *amur (a-mu-ur)* NR, 26.

ana, (geschrieben: *ana* Beh, 16. 19. 31. 33. 36bis. 44. 45bis. 46. 47. 52. 66. 87. 102; NR, 10. 22; S. 15, sonst stets *a-na*): 1) zum Ausdruck der Richtung bei den Verben des Gehens, Kommens, Schickens: Beh, 13. 33bis. 36. 44. 45. 47. 57bis. (53. 102?); 2) zum Ausdruck des entfernteren Objectes: Beh, 7. 11bis. 12. 13. 15. 19. 31. 61. 71. 96; NR, 2. 22; O, 7; H, 4; D, 3; E, 3bis; Ca, 3; Cb, 4; F, 7; K, 3; 3) zum Ausdruck des direkten Objectes: Beh, 8. 13. 29. 39. 46. 52. 56. 65. 76. 86. 87. 109; NR, 2; O, 8; H, 3; D. 4; Ca, 3; Cb, 4; F, 9; K, 4; NR, 33bis; H. 24bis; E, 11bis; K, 20; S, 15; NR, 34; Ca, 4; Cb, 7; K, 6; 4) zum Ausdruck des Beweggrundes: Beh, 49. 50. 54. 55; K, 16. 18; 5) zum Ausdruck der Zugehörigkeit in: *ša ana šarrûti'a* D, 18; 6) in *ana apušu* NR, 10; *ana kašâdu* Beh, 45. 57; 7) statt *ina* in *ištên ana* E, 4; 8) in Zusammensetzungen: Beh, 2. 16. 33. 66. 50. 54. 55; NR, 21.

ina „in, an, auf, bei" (geschrieb.: *i-na* Beh, 49; E, 9; Ca, 8; Cb, 15; L; S, 2. 11; Lwst, 8, sonst stets *ina*): Beh, 5. 14$^{drei\ Mal.}$ 23$^{drei\ Mal.}$ 26. 27. 31. 36. 39. 40. 41$^{drei\ Mal.}$ 43. 45$^{bis.}$ 47$^{bis.}$ 49$^{bis.}$ 51. 57$^{bis.}$ 59. 60$^{bis.}$ 63$^{bis.}$ 64. 71$^{bis.}$ 77. 78. 84. 89. 98. 104; NR, 18. 23. 27. 29; O, 10. 11; D, 5bis; F, 10. 11; L; D, 13; H, 5; E, 8; S, 2. 9; *ina ṣilli* „im Schutze von": Beh, 4. 7. 9. 11. 22. 27. 28. 35. 37. 39. 46. 52. 58. 62. 65. 74. 76. 80. 81. 99. 103; NR, 7. 22. 30; H, 13. 22; D, 10. 16; E, 9; Ca, 8; Cb, 15; K, 13; S, 11; Lwst, 8; *ina râminišunu:* Beh, 42; — in präpositionellen Zusammensetzungen: Beh, 3. 51. 55. 56. 67. 70. 82. 87; S. 9. 95; 21. 34. 42; 3; NR, 27; H, 3. 6; S, 10; NR, 9. 22. 35; D, 1; K. 16; — *ina* = *itti:* Beh, 38; — *ina* statt *ana:* Beh, 59.

ânû „Nichtsein" bez. „(er war) nicht" in *manma ânû (man-ma á-a-nu)* „Niemand (war)" Beh, 19.

anakû „ich" (auch als cas. obliq.): *(ana-ku)* Beh, 4$^{bis.}$ 7. 11$^{bis.}$ 21. 22. 24. 25$^{bis.}$ 26. 27$^{bis.}$ 29. 30. 31. 33$^{bis.}$ 34. 36—40. 43. 44. 47. 61$^{bis.}$ 72. 77. 89bis 91. 92. 98. 101; M; Sgl; KR; Beh. kl, 2. 3. 4. 6. 7. 9; NR, 8. 9$^{bis.}$ 21. 22$^{bis.}$ 23. 24$^{bis.}$ 32. 33; H, 24; S, 15; *(a-na-ku)* Beh, 7. 59. 84. 85. 88. 104. 109; Beh. kl, 1. 5. 7. 8; NR, 3; O, 12; H, 20. 21. 23. 24; D, 6. 11. 14. 18. 19; E, 7. 8. 10; Ca, 5. 10. 11; Cb, 8. 19. 21; F, 12; K, 7. 17. 19. 21; Lwst, 2; plur.: **anini** *(a-⌈ni-⌉ni)* „wir" Beh, 3.

annû „dieser"; plur. masc.: *annûtu (an-nu-tú)* Beh, 102; *(an-nu-tu)* O, 4; *(an-nu-ú-tu)* D. 2; *annûti (an-nu-ti)* E, 2; (in Stolze's „Persepolis" pl. 23, Z. 3: *an-nu-ú-ti*); fem.: *annâtu (an-na-a-tú)* Beh, 40; *annêti (an-ni-ti)* NB, 8. 20.

atta „du" *(at-ta)* Beh, 102. 105.

issû „Helfer, Hilfe, Beistand" *(is-su-u?)* Beh, 98; mit Suffix: *issi* „mein Beistand" *(is-si)* Beh. 10. 22. 35. 37. 58. 62. 65. 74. 76. 80. 81. 103; NR, 31.

aplu „Sohn": Ideogr.: A S, 3; Sb, 2; TUR D, 8; F. 18; S, 4—7; st. c.: *apil;* Ideogr.: A KR; Beh. kl, 8; NR, 6; B, 4; G, 2; E. 6; Ca, 7; Cb. 12; TUR Beh. kl, 1—7; NR, 6; O, 19; K, 10; mit Suffix: *apilšu ša* „der Sohn des" (A. *šu ša*) Beh, 21. 31. 41. 85. 110. 111bis; Beh. kl, 3.

epêšu „tun, machen, vollführen. aufführen (ein Gebäude); liefern (eine Schlacht); ausüben (die Herrschaft)": impf. III. und I. p.: *êpuš (i-pu-uš)* B, 6; *(e-pu-uš)* H, 22; NR, 32; Ideogr.: AG NR, 9;

êpušu (i-pu-uš-šú) Beh, 62; D, 14. 19; Ca, 12; Cb. 23; K, 15: *(e-pu-šu)* Beh, 11. 84. 89. 98. 101. 104; *(e-pu-uš-šú)* D, 14. 19; E, 8bis. 9. 11; Ca, 11; Cb, 21; K, 21; *êpšu (ep-šú)* NR, 30; pl. masc.: *êpušû (ip-pu-šú-')* Beh, 8; *(ip-pu-uš-šu-')* NR, 11; fem.: *êpušâ (i-pu-ša-')* H, 14; *(ip-pu-uš-ša-')* NR, 24; permans.: *êpšû (ip-šú-'?)* L; infin.: *epêšu (e-pi-šu)* Beh, 49. 50; st. c.: *epêš (e-piš)* Beh, 55; K, 16; ideogr. mit phonet. compl.: KAK. *eš* Beh, 54. — I, 2 impf. III. p.: *itêpuš (i-te-pu-uš)* Beh, 49; NR, 30; S, 9; *itêpušu (i-te-pu-uš-su)* Ca, 10; Cb, 18; I. p: *etêpuš (e-te-pu-uš)* Beh, 27. 103; NR, 31; H, 23; D, 12. 13; E, 10; Lwst, 11; *etêpušu (e-te-pu-šu)* Beh, 25; pl.: *itêpšû (i-te-ep-šú)* Beh, 50. 74. 80. 81; *(i-te-ep-šu)* Beh, 3. 52. 54. 56. 67. 69; *(i-te-ep-šu-')* Beh, 46; I. p.: *nitêpuš (ni-te-pu-uš)* D, 16. — III, 2; I. ps.: *altapušu (al-ta-pu-šu)* Beh, 78.

apušu in *ana apušu (ap-uš-šu)* „zu Willen"(?) NR, 10.

iṣu „wenig"; plur.: *iṣê, iṣûtu (i-ṣi)* Beh, 59. 75. 82; *(i-ṣu-tu)* Beh, 38.

eḳêmu „wegnehmen, entreissen"; impf.: *êḳimu (ik-ki-mu)* Beh, 20; mit Suffix: *êḳimušunûtu (i-ki-[mu-]šu-nu-tú)* „er entriss ihnen" Beh, 26.

Âru, ein Monat; geschr.: GUD Beh, 56.

arâku „lang sein"; precat.: *lârikû (li-ri-ku-')* „sie mögen lang sein" Beh, 102.

arki, geschr.: *ár-ki* 1) adv.: „nachher" Beh, 13. 14bis. 16—18. 22. 29. 30. 33. 34. 36. 37. 38. 39. 43. 44. 49. 50. 51. 54. 59. 60. 61. 63. 69. 72. 73. 77. 82. 85. 88. 96; NR, 21; K, 17; — 2) präpos.: „nach"; mit Suffix: *arkî'a (ár-ki-i a)* „nach mir" Beh, 105; — *arki ša (ár-ki ša)* conjunct: „nachdem" Beh, 11. 56.

êrṣitu „Erde"; *êrṣitim (ir-ṣi-tim)* Ca, 2; Cb. 2; ideogr. mit phonet. compl.: KI.*tim* NR, 1; H, 2; K, 2.

arâru „verfluchen"; precat.: *lârur* „er möge verfluchen" *(li-ru-ur)* Beh, 107.

erêšu I, 2: „wünschen, bitten"; impf.: *etêriš (e-te-ri-iš)* NR, 34.

išâtu „Feuer" *(i-ša-tum)* S, 10.

ašru „Ort"; mit Suff.: *ašrišu* „sein Ort" *(aš-ri-šu)* Beh, 26. 27; *ašrišina* „ihr Ort" *(aš-ri-ši-na)* NR, 28.

ištên „einer, einzig"; *(iš-tin)* D, 4. 5; E. 4bis; Lwst, 1; ideogr. mit phonet. compl.: DIŠ.*en* Beh, 12; O, 9. 10; F, 10. 12; fem.: *ištênit(?)*; ideogr. mit phonet. compl.: DIŠ.*it* Beh, 12.

itti „mit" *(it-ti)* Beh, 45. 62. 69. 73. 75. 82; H, 24; E, 11; Ca. 11. 18; Cb, 20. 25; K, 20; ideogr.: KI Beh, 69; — mit Suff.: *ittišu* „mit ihm" *(it-ti-šu)* Beh, 23. 77; (KI.*šu*) Beh. 83; *ittî'a* „mit mir" *(it-ti-i'a)* Beh, 109; *(it-ti-i'a)* Beh, 73; *ittišunu* „mit ihnen" (KI.*šu-nu*) Beh, 49.

attû'a „mein" *(at-tu-u-a)* Beh, 1. 3bis. 9bis. 46. 52. 76; NR, 10. 11. 26; *(at-tu-ú-a)* Ca. 10. 12; Cb, 18. 23; K, 13; *(at-u-a)* Beh, 95; plur.: *attûnû* „unser" *(at-tu-nu-u)* Beh. 18; *(at-tu-nu)* Beh, 27. 28.

ב

bâbu „Tor": ideogr.: KA D, 10.

bêlu „herrschen, Herr sein": permans.: *bêlâ (be-la-a)* Beh, 105. — **bêlu** „Herr"; st. c.: *bêl* (?) Beh. kl, 9.

bišu „böse"; *biši (bi-i-ši)* NR. 33; plur. (?): *bišû (bi-i-šu)* Beh, 14.

bitu „Haus"; st. c.: *bit (bi-it)* L; Ca, 9; Cb, 16; ideogr.: É Beh, 27. 28. 43; B, 6; Lwst, 9; pl.: *bîtâti* (É.pl) Beh, 25; mit Suff.: *bîtî'a* „mein Haus" (É-i'a) NR, 33.

balṭu „lebendig"; pl.: *balṭû, balṭûtu (bal-ṭu-')* H, 3; *(bal-ṭu)* Beh, 63. 83; *(bal-ṭu-tú)* Beh, 51. 56. 67. 70.

banû „bauen, schaffen": impf.: *ibnû (ib-nu-u)* NR, 1. 3; *(ib-nu-ú)* NR, 2; O, 9; H, 2bis. 4; D, 4; Ca, 1. 2bis. 3; Cb, 2. 3bis. 5; F, 10; K, 2. 3bis. 4. — **tabanû** „Gebäude"; pl.: *tabanû, tabanûtu (tab-ba-nu-ú)* D, 15; K, 14; *(tab-ba-nu-ú-tu)* D, 13.

birtu „Mitte"; *ina birit* (oder *birât, birêt*?) „in mitten" *(ina bi-rit)* Beh, 8. 9. 95.

bašû „sein (esse)": impf. pl. fem.: *ibšâ (ib-ša-')* NR, 25; D, 15.

ג

gabbi „all, ganz, gesammt“; *(gab-bi)* Beh, 16. 60. 63. 77; NR, 5. 30; B, 3; O, 6. 16; H, 1. 3. 22. 24; D, 15; E, 9; K, 9; *(ga-ab-bi)* Ca, 5. 6. 11. 13; Cb, 7. 10. 21. 25; K, 6. 20.

gallû „Diener“; ideogr.: KAK.NA.MEŠ Beh, 7; *gallû (gal-la-a)* Beh, 44. 53.

galala „?“ *(ga-la-la)* L.

ד

dagâlu mit *lapâni* „warten auf“; präs. pl.: *idágalû (i-dag-ga-lu-ʾ)* Beh, 47.

dâku „tödten, schlagen (ein Heer)“; impf.: *idûk(u)*; *(id-duk)* Beh, 65. 83. 87: *(id-du-ku)* Beh, 13; mit Suff.: *idûkšu (id-duk-šu)* Beh, 83; pl.: *idûkû (id-du-ku)* Beh, 46. 51. 52. 56bis. 67. 76; mit Suff.: *idûkûšu (id-du-ku-šu)* Beh, 42; 1. p.: *adûku (ad-du-ku)* Beh, 35: *(a-du-ku)* Beh, 29; mit Suff.: *adûkšu (ad-du-uk-šu)* Beh, 83; imper.: *dûka, dûku (du-ka-ʾ)* Beh, 79: *(du-ú-ku)* Beh, 86; mit Suff.: *dûkušunûtu* „tödte sie“ *(du-ú-ku-šu-nu-ú-tu)* Beh, 48; part. pass.: *dikí (di-i-ki)* Beh, 13; pl.: *dikê, dikû (di-i-ki)* Beh, 63; *(di-i-ku)* Beh, 83.

dinu „Gericht“: pl.: *dinâtu (di-na-a-tú)* Beh, 9. 104: NR, 11.

dannu „stark, mächtig“ *(dan-nu)* Beh, 10. 22. 35. 37. 58. 62. 65. 74. 76. 80. 81. 103; NR, 31.

dunḳu „Gnade“ *(du-un-ḳu)* Ca, 2; Cb, 4: *(dun-ki)* NR, 2: H, 2: D, 3: E, 3; F, 7; K, 3.

duppu „Tafel“: pl.: *duppê (dup-bi*, mit ב!) Beh, 102.

ו

u „und“ Beh, 15. 39. 51. 56. 63. 79. 83bis. 84. 101. 105. 106; NR, 1. 2. 9. 11. 23. 25. 33bis; H, 2bis. 4. 8. 9. 11. 15—19. 24: D, 12. 14. 15. 18bis. 19bis; E, 8. 11bis; K, 2. 3; S, 12. 15; — adversativ Beh, 102; — geschrieben: *ú* Beh, 67. 70. 77: Ca, 2. 11. 12. 13: Cb, 2. 21. 22. 24; K, 15. 20bis; Lwst, 13.

aṣû „ausziehen“; impf.: *uṣâ*, geschr. UD.*a* (Schreibfehler für UD.DU.*a*), Beh, 59.

arḫu „Monat“: ideogr.: ITI Beh, 15. 36. 46. 52. 56.

ašâbu „wohnen“: part.: *âšib (a-ši-ib)* Beh, 71: *(a-šib)* Beh, 41. 64; III, 2: *ultêšibšunûtu* „ich brachte sie“ *(ul-te-šib-ši-na-a-tú)* NR, 23.

ז

zêru „Same, Spross; Stamm, Familie“: ideogr.: GUL Beh, 43. 61: Beh. kl, 4. 6; st. c.: *zêr* S, 7: mit Suff.: *zêriʾa* (GUL.*iʾa*) Beh, 3. 104: *zêruni* (GUL.*ú-ni*) Beh, 3. 18.

az(?)maru „Lanze“: pl.: *azmarû ([az-]ma-ru-ú)* NR. kl, 1; mit Suff.: *azmarušu (az-ma--ru-šú)* NR, 28.

zaḳû (?) „vollziehen (Gebote)“: III, 1: *ušazḳû* „sie werden vollzogen“ *(ú-ša-az-ga-u)* Beh, 9.

zaḳipu „Pfahl, Kreuz“; *zaḳipi (za-ki-pi)* Beh, 60. 63. 77.

ח

ḫabâlu „verderben, zerstören“; II, 1; präs. mit Suff.: *uḫabbaluš (ú-ḫa-ab-ba-lu-uš)* S, 17—18.

ט

ṭêmu „Befehl, Erlass“: immer pl. (?): *ṭêmû, ṭêmê (ṭe-e-mu)* K, 15. 17: *(ṭe-e-me)* Beh, 88; H, 21.

ṭûru(?) „Berg“; Genetiv *ṭurri (ṭur-ri)* S, 9.

Ṭebêtu ein Monatsname; ideogr.: AB Beh, 46.

י

ûmu „Tag“; ideogr.: UD Beh, 15. 36. 38. 46. 52. 56. 65; plur. mit Suff.: *ûmêka* „deine Tage“ (UD-*pl*-*ka*) Beh, 102. 107; *ina ûmušu-ma* (UD-*mu-šú*) „alsdann“ (?) NR, 27. 28.

כ

kî „wie, in Gemässheit von: wenn, als“ *(ki-i)* Beh, 97. 101. 102. 106; NR, 25; *(ki)* NR, 25.

ki'âm „so (ita)“ *(ki-a-am)* Beh, 1. $4^{bis.}$ 7. 8. 10. 11. 17. 19. 24. 29. 32. 33. 36. 38. 40. 53. 68. 70. 72. 77. 78. 84. $89^{bis.}$ 99. 100. 101.

kabtu, fem. *kabittu* „gewichtig“(?), geschrieben: *ka-bit-tum* Beh, 101.

kullû „?“ *(ku-ul-lu-')* Beh, 34: *(kul-lu)* NR, 26.

kanâšu „unterwerfen“: I, 2 perm.: *kitnušu ([kit]-nu-šu)* Beh, 11.

kussû „Thron“; ideogr.: GU.ZA NR, 26.

Kislimu, ein Monatsname; ideogr.: GAN Beh, 36.

kupurêmu „? ?“ (zwei Wörter?), geschr. *ku-pu-ur-ri-e-mu* L.

kašâdu „erreichen, wohin gelangen“; impf.: *ikšudû (ik-šu-du)* Beh, 66; inf.: *kašâdu (ka-ša-du)* Beh, 36. 45: mit Suff.: *kašâdi (ka-ša-di)* Beh, 57. — **kišâdu** „Ufer“; ideogr.: DIG Beh, 36.

ל

la in *lapâni* (s. d.) Beh, 9. 16. 20. 24. 30. 43. 85.

lâ „nicht“ *(la)* Beh, 13. 21. 28. 36. 48; NR, 35: S, 17.

lû „fürwahr“ *(lu)* Beh, 14. 97. 112.

libbu „Herz“: pl.(?): *libbê (lib-bi)* Beh, 14; *ina libbi (ina lib-bi)*: 1) adv.: „dort“ Beh, 47: H, 3; „dann“ NR, 27: 2) präpos.: „inmitten, in“ *(ina* ŠA*)* Beh, 3: mit Suff.: *ina libbišu (ina lib-bi-šu)* Beh, 82; H, 6; *ina libbišunu* „unter ihnen“ *(ina lib-bi-šu-nu)* Beh, 51. 55. 56. 67. 70. 87; *ultu libbi* „von dort aus“ *(ul-tu lib-bi)* Beh, 15; *ana libbi* „um — willen“ *(a-na lib-bi)* Beh, 2: *ana libbi aḫameš* „unter einander“ *(a-na lib-bi a-ḫa-meš)* NR, 21: *libbû ša* „damals als, so bald als“ *(lib-bu-u ša)* Beh, 28; NR, 24; *(lib-bu-ú ša)* H, 20.

lišânu „Zunge, Sprache“: pl.: *lišânû, lišânâta*; *(li-ša-nu)* B, 3: H, 7. 16: Ca, 6; Cb, 10: K, 9; *(li-ša-nu pl)* D, 7: E, 5: *(li-ša-na-a-ta)* O, 16: ideogr.: EME NR, 5.

מ

ma „und“ passim; *-ma . . . . . -ma* Beh, 59.

mâgidu(?) „Haarflechte“(?); pl.: *mâgidûta (ma-gi-du-ta?)* NR, 18.

mâdu „viel sein; viel, häufig“; impf.: *lû mâdu imêdù (lu ma-du i-mi-du)* Beh, 14: *lû mâdu (lu-ma-du* Beh, 97; *lu ma-a-du* Beh, 112); *nišu mâdu (ma-a-du)* Beh, 20; pl. mascul.: *mâdûtu (ma-du-ú-tu* D, $5^{bis.}$ 12; E, 4bis; F, 11: K, 5: *ma-du-ú-tum* Ca, 4; Cb, 6; *ma-du-tum* NR, 3; *ma-a(?)-du-ú-tú* K, 14); fem.: *mâdêtu (ma-di-e-tum)* H. 6.

mâtu „sterben“; permans.: *miti (mi-i-ti)* Beh, 17. — **mitûtu** „Sterben“; *mitûtu (mi-tu-tu)* Beh, 17.

mâtu „Land, Flachland“; *mâtu (ma-a-tum)* H, 8. 16; id.: KUR Beh, 23. 59. 68. 71; mit suff.: *mâti'a (ma-ti-i'a)* NR, 33: *mâtišu* (KUR*-šu)* NR, 29; pl.: *mâtâti*; geschr.: KUR *pl* F, 15. 16: KUR.KUR Beh, 7. 8. 9. 14. 40; NR, 4: KUR.KUR *pl* KR; NR, 8. 20. 25: B, 2; O, 15; H, 6. 7. 14. 15; D, 7; E, 5; Ca, 4. 6; Cb, 7. 9; K, 6. 8; S, 2; Lwst, 3; mit suff.: *mâtâti'a* (KUR.KUR *pl-i'a)* D, 18.

megaki „?“ *(me-ga-ki)* Beh, 13.

muḫḫu „das Obere“; id.: MUGU: *ina muḫḫi* „auf, über“ *(ina muḫ-ḫi* Beh, 21; H, 1; S, 2; K, 16; *ina* MUGU Beh, 34): mit suff.: *ina muḫḫika (ina muḫ-ḫi-ka)* NR, 35: *ina muḫḫišunu (muḫ-ḫi-šu-nu)* Beh, 42; *ina muḫḫišina (muḫ-ḫi-ši-na)* NR, 22; *ana muḫḫi* „gegen“ *(ana* MUGU Beh, 33. 66); mit suff.: *ana muḫḫišu (muḫ-ḫi-šu)* Beh, 16; *adi muḫḫi ša* „bis dass“ *(a-di* MUGU *ša* Beh, 10. 27. 47. 84. 109: *a-di muḫ-ḫi ša* NR, 35).

maḫrû „früher“; pl.: *maḫrûtu (maḫ-ru-tu)* O, 10. 12; F, 12.

makâru „erblicken“(? ; impf. II. p.: *tamkuri (tam-kur?-ri)* Beh, 98.

mala „soviel“: *mala (ma-la)* Beh, 43: E, 9.

malû „füllen“: permans.: *malê* „sie füllen(?)“ *(ma-li)* Beh, 34.

mimma „alles“: *mimma (mi-im-ma)* NR, 33.

manma „jeder“ in *manma ênû* „Niemand (war?)“ *(man-ma)* Beh, 19: *manma ul* „keiner“ *(man-ma)* Beh, 21.

mannu „wer auch immer“ *(man-nu)* Beh, 105.

masânu(?) II, 1: „kennen(?)“; impf.: *umassanû (ú-ma-as-sa-nu)* Beh, 21; mit suff.: *tumâsiššunûtu (tu-ma-si-iš-šu-nu-tú)* NR. 27.

marratu „Meer“; siehe das Eigennamenverzeichniss.

marâṣu „beschwerlich, widerwärtig sein“: präs.: *imâruṣ (i-ma-ru-uṣ)* NR, 35.

:

nabâlu *(napâlu?)* „zerstören“: impf.: *ibbulu (ib-bu-lu)* Beh, 25.

imnindaka „?“ *(im-nin-da-ak-ka)* NR, 27. 29.

nadânu „geben“, auch: „schaffen“; impf.: *iddin, iddan, indan (id-din-nu)* NR, 2; O, 3. 4. 5. 7; H, 3. 5; D, 2bis. 3. 4; E, 1. 2bis. 3bis; Ca, 3; Cb, 4: *id-din-na* F, 4. 5. 7. 8: *id-di-na* K, 3; *id-dan-nu* Beh, 4. 10. 24); mit suff.: *indanašunûtu (in-da-na-aš-šu-nu-tú)* Beh, 96: *iddanašinêti (id-dan-na-aš-ši-ni-ti)* NR, 21; prec.: *liddinu (li-id-din-nu)* NR, 34. — **mandattu** „Tribut“ *(man-da-at-tu)* NR. 9; *mandatta (man-da-at-ta)* Beh. 7.

nazâzu „sich stellen“: III, 1: *ušuzzû* „sie waren aufgestellt(?)“ *(ú-šú-uz-zu)* Beh, 34: III, 2: *ultazziz* „ich stellte“ *(ul-ta-az-zi-iz)* Beh. 25. 26.

nuḫšu „Glück(?)“ *nuḫšu (nu-uḫ-šú)* O, 6.

nakâru „anders, fremd, feindlich, aufrührerisch sein, sich empören“; impf. mit suff.: *ikkirâni (ik-ki-ra-an-ni)* Beh, 68; pl. fem.: *ikkirâʾini (ik-ki-ra-ʾ-ìn-ni)* Beh. 40; permans. pl. fem.: *nikrâ (ni-ik-ra)* NR, 20; — I, 2 impf.: *ittêkir (it-te-ki-ir)* Beh, 32; pl.: *ittêkrû (it-te-ik-ru-ʾ)* Beh, 16. 30; — II, 2: „zum Abfall bringen, abtrünnig machen“; impf.: *uttakkir (ut-tak-kir)* Beh. 91—94. — **nikru** „aufständisch, Empörer“; pl.: *nikrûtu (ni-ik-ru-tu* Beh, 46. 48. 52: *ni-ik-ru-tú* Beh, 50. 54. 55. 56. 65. 86. 87; *ni-ik-ru-u-tu* Beh, 51).

naṣâru „schützen, beschützen“; prec.: *liṣṣur (li-iṣ-ṣur)* H. 23; D, 20; Ca, 13; Cb, 25; mit suff.: *liṣṣurâni (li-iṣ-ṣur-an-ni)* NR, 32; D, 18; E, 10: Ca, 11; Cb, 20; K, 19.

narû „Tafel“; id.: TAG.NA.RU(KAK). A Beh, 98. 106.

nišu „Volk, Heer“; id.: U.KU Beh, 13. 14. 16. 20. 26. 31. 34bis. 37. 43—46. 52. 58. 59. 60. 61bis. 63. 66bis. 69. 71. 72. 73bis. 75. 76bis. 80. 82bis. 85bis. 87bis. 95. 96. 102(?); st. c.: *niš* (U.KU) Beh, 48. 86.

našû „wegnehmen, tragen“; impf.: *iššu (iš-šú-u)* Beh, 28: präs. pl.: *inašûnu (i-na-aš-šú-nu)* NR, 10; part: *našû (na-šú-u* NR. 18. 27; *na-šú-ú* NR. kl, 1).

S

Simânu, ein Monat, geschrieben: ŠIB Beh, 52 (so nach Pinches' neuer Prüfung des Papierabklatsches).

sisû „Pferd, Ross“; pl.: *sisê*, gesch.: ANŠU KUR.RA.pl Beh, 59. 75.

P

pû „Mund“; *ki pi ša* „in Gemässheit dessen, was“ *(ki-i pi ša)* Beh, 101.

pânu „Antlitz“; präpositionell gebraucht in: *pâni, lapâni* „vor“: *ina pâni (ina pa-ni)* S, 10; *lapâni (la-pa-ni)* Beh, 16. 24; mit suff.: *pâniʾa (pa-ni-iʾa)* Beh, 47; *lapâniʾa (la-pa-ni-iʾa* Beh, 9. 30; *la-pa-ni-iʾa* Beh, 85; *la-IGI-iʾa* NR, 10; *la-IGI-iʾa* Beh, 43: *lapânišu (la-pa-ni-šu)* Beh, 20; *ina pânatuʾa (ina pa-na-tu-u-a)* Beh, 3.

paḫâru „sich versammeln, zusammenrotten“; impf. pl.: *ipḫurûni. ipḫurû (ip-ḫu-ru-nim-ma* Beh, 50. 54. 55; *ip-ḫu-rum* H, 14); — **napḫaru** „Gesammtheit“; *napḫari (nap-ḫa-ri)* B, 3; auch E, 5; st. c.: *napḫar (nap-ḫa-ar* D, 7; Ca, 4. 6; Cb, 7. 10; K, 6. 8: *nap-ḫar* NR, 5; O, 15; F, 15); id.: KUR (PAP) Beh, 63. 83; pl. mit suff.: KUR-pl-*šu-nu(?)* NR, 26.

palâḫu „sich fürchten, fürchten“; I. 2 impf.: *iptalaḫ (ip-ta-laḫ)* Beh, 20.

pasânu „?“; *tapisinu (ta-pi-is-si-nu)* Beh. 102.

paḳâdu II, 2: „wirken, sich anstrengen; jemanden bestellen (zur Herrschaft)“; *uptêḳid (up-te-ki-id)* Beh, 27; mit suff.: *iptêḳidâni (ip-te-ḳid-an-ni)* NR, 22. — **pitḳudu** „umsichtig“ *(pi-it-ḳu-du)* Beh, 8.

parâṣu „lügen“; impf.: *ipruṣu (ip-ru-ṣu)* Beh. kl, 1—9; präs.: *ipâraṣ (i-par-ra-aṣ)* Beh, 31: II, 1: *uparraṣu. uparraṣi (ú-par-ra-ṣu* Beh, 105; *ú-par-ra-ṣi* Beh, 97); II. 2: *uptarriṣ (up-tar-ri-iṣ)* Beh, 90. 91. 92. — **parṣu** „Lüge“; pl.: *parṣâtu (par-ṣa-a-tú* Beh, 14; *par-ṣa-a-tum* Beh, 100).

צ

ṣâbu „Krieger"; ideogr. pl.: ṢAB pl d. i: *ṣâbê* Beh, 38.

ṣibâka „?" *(ṣi-ba-a-ka)* NR, 24.

ṣabâtu „ergreifen, gefangen nehmen, einnehmen": impf. (mit suff.): *iṣbatsu (iṣ-bat-su)* Beh, 83; 1. p.: *aṣbat (aṣ-ba-at)* NR, 8; pl.: *iṣbatû (iṣ-ba-tu-ʾ-u)* Beh, 95; präs.: *iṣabat (iṣ-ṣa-bat)* Beh, 17. 32; 1. p.: *aṣabat (aṣ-ṣa-bat)* Beh, 39bis; II. 1 impf.: *uṣabbit (uṣ-ṣab-bit)* Beh, 67. 70. 90; pl.: *uṣabbitû (uṣ-ṣab-bi-tú)* Beh, 56; *uṣabbitûnu (uṣ-ṣab-bi-tu-nu)* Beh, 51; mit suff.: *uṣabbitšunûtu (uṣ-ṣab-bit-ši-nu-tu)* Beh, 87.

ṣalû II, 1: „beten"; impf.: *uṣallû (uṣ-ṣal-lu)* Beh, 22.

ṣaltu, ṣeltu „Treffen, offener Kampf, Schlacht": *ṣaltu (ṣa-al-tú* Beh, 37. 52. 54. 80; *ṣal-tu* NR, 29; *ṣal-tú* Beh. 51; *ṣa-al-tum* Beh, 49. 74; *ṣal-tum* Beh, 50. 56. 67. 69. 81); *ṣalti (ṣal-ti)* Beh, 38; *ṣeltu (ṣi-el-tú)* Beh, 36. 46.

ṣillu „Schatten, Schutz"; *ṣilli (ṣi-il-li)* Ca, 8; Cb, 15; K, 13; ideogr.: GIŠ.GIG (MI) Beh, 4. 7. 9. 11. 22. 27. 28. 35. 37. 39. 46. 52. 58. 62. 65. 74. 76. 80. 81. 99. 103; NR, 7. 22. 30; H, 13. 22; D, 10. 16; E, 9; S, 11; Sb, 3; Lwst, 8.

ṣalmu „Bild"; pl.: *ṣalmânu (ṣal-ma-a-nu)* Beh. 106.

ṣamû „dürsten"; **ṣumâmaʾû** (?), fem. *ṣumâmaʾitum* „dürstend"; *ḳaḳḳar ṣumâmaʾitum (ṣu-ma-ma-i-tum)* „Wüste" H, 11. 12. 19. 20.

ק

ḳâtu „Hand"; pl.: *ḳâtû (ga-du-[ú]-ʾ)* Beh, 95; ideogr.: ŠU-*(II)-a* Beh, 96.

ḳêbû (nach Haupt = *ḳabêʾu. *ḳabâʾu; vgl. *šêmû* = *šamâʾu) „sprechen, kund tun"; impf.: *iḳbû (iḳ-bu-ú)* Beh, 78; präs.: *iḳâbû, iḳâbi, iḳâbû; iḳâbû (i-gab-bu)* Beh, 37; *iḳâbi (i-gab-bi* Beh, 1. 2. 3. 4$^{\text{bis.}}$ 7. 8. 10. 11. 17. 19. 24. 29. 30. 32. 33. 36. 38. 40. 53. 61. 68. 71. 72. 77. 78. 84. 89$^{\text{bis.}}$ 90. 91. 92. 99. 100. 101. 105: NR, 7. 19. 30: H, 13; D, 10, 17; E, 7; K, 12; *i-ga-ab-bi* Ca, 8; Cb, 15; *i-ḳa-ab-bi* S, 1): mit suff.: *iḳâbâšunu (ig-ga-ba-aš-šu-nu)* NR, 10; II. p.: *taḳâbû (ta-gab-bu* Beh, 97; *ta-gab-bu-u* NR, 25); 1. p. mit suff.: *aḳâbâšinâtu (a-gab-ba-aš-ši-na-a-tú)* NR, 24; [*iḳibu (i-ki-ib-bu)* Beh, 100?, *kipanni (ki-pa-an-ni)* Beh, 98?].

ḳalû II: *ḳullû(?)*, „sie werden hochgeachtet"(?) *(ḳul-lu-ʾ)* NR, 11.

ḳaḳḳadu „Kopf, Haupt"; mit suff.: *ḳaḳḳadišunu* (SAG.DU.*šu-nu*) NR, 18.

ḳaḳḳaru „Erdboden"(?); *ḳaḳḳaru (ḳaḳ-ḳa-ru)* KR: O, 2. 17; D, 1. 7; E, 1. 6. 8; Sb, 2; Lwst. 1: *ḳaḳḳari (ḳaḳ-ḳa-ri)* Ca, 6; Cb. 11; K, 9; *ḳaḳḳara (ḳaḳ-ḳa-ra)* F, 3. 16; id.: GAG.GAR NR, 5; H, 5. 11. 12. 18. 20; S, 2.

ר

râmânu „Hoheit"; zur Bezeichnung von „selbst" in: *râmânišu (ra-man-ni-šu)* „er selbst" Beh, 17; *râmânišunu (ra-ma-ni-šu-nu)* „sie selbst" Beh, 42.

rûḳu „weit, weit entfernt"; *rûḳu (ru-ú-ḳu)* NR, 28. 29; fem.: *rûḳtu (ru-uḳ-tum)* NR, 5; O, 18; *rûḳti (ru-uḳ-ti)* D, 8; *rûḳuti (ru-uḳ-ḳu-ti)* E, 6.

rabû „gross, Grosser, Oberster"; *rabû (ra-bu-u* S, 1; *ra-bu-ú* Beh, 82; Ca, 1; Cb, 1; F, 2; K, 1; GAL-*u* NR, 1. 4; GAL-*ú* Beh, 42; Sgl; KR; B, 1; O, 1. 14; H, 1; G, 2; D, 1. 6; E, 1. 5. 7; Ca, 5. 8; Cb, 9. 14; F, 1. 14; K, 1. 7; Sb, 1; Q); *rabi (ra-bi)* H, 1; fem.: *rabitu (ra-bi-tú* NR, 5; *ra-bi-tum* O, 18; F, 17; K, 9); *rabiti (ra-bi-i-ti* Ca, 7; Cb, 11; GAL-*ti* D, 8; E, 6).

rapâšu „weit, gross, viel sein"; II, 1: *lurappiš (lu-rap-pi-iš)* „er möge weit machen" Beh, 107. — **rapšu** „weit, weitausgedehnt": fem.: *rapaštum (ra-pa-aš-tum)* Ca, 7; Cb, 12; F, 18; K, 10; pl.: *rapšâtum (rap-ša-a-tum)* H. 5.

ש

ša (stets GAR geschrieben): 1) Genetivpartikel: Beh, 1. 2$^{\text{bis.}}$ 7. 11. 15. 22. 25. 27. 28. 31. 34. 35. 36. 37$^{\text{bis.}}$ 38. 39. 41. 43$^{\text{bis.}}$ 46$^{\text{bis.}}$ 52$^{\text{bis.}}$ 56. 58$^{\text{bis.}}$ 59. 61. 62. 65. 72—75. 76$^{\text{bis.}}$ 80. 81. 83.

85$^{\text{drei Mal.}}$ 87. 99. 103. 110. 111bis; Beh.kl, 4. 6; NR, 3. 7. 22. 30; NR. kl, 1; O, 17; H, 2. 8—13. 16. 17. 18$^{\text{bis.}}$ 20. 22; D, 8. 10. 16; E, 9; Ca, 4. 8; Cb, 6. 16; F, 2. 16. 18; K, 2. 5. 8. 13; S, 1—7; Sb, 2; NR. kl, 2; NR, 17; NR, 26; Beh. kl, 3; NR, 5; B, 3; O, 15; D, 7; E, 5; Ca, 6; Cb, 10; F, 15; 2) Relativpartikel: Beh, 7. 9. 11. 24. 25. 37. 40. 48. 78. 82. 89$^{\text{bis.}}$ 97. 98$^{\text{bis.}}$ 101. 105; Beh. kl, 1—9; NR, 1. 2$^{\text{bis.}}$ 18. 26; Ca, 4; Cb. 6; K, 5. 15; B, 5; NR, 10. 24. 35; H, 14$^{\text{bis.}}$ 18. 19$^{\text{bis.}}$ 21; E, 8; Ca, 11 12; Cb, 21. 22; K. 21; NR, 30; H, 24; E, 11; D, 15; H, 2$^{\text{bis.}}$ 3; O, 2. 3. 5. 6. 8; H, 14bis; D, 1. 2. 3$^{\text{bis.}}$ 4; E, 1. 2$^{\text{bis.}}$ 3bis; Ca, 1. 2$^{\text{bis.}}$ 3; Cb, 2. 3. 4bis; F, 3. 4. 6. 7. 9; K, 2. 3. 4; oft mit virtueller Copula: Beh, 23$^{\text{bis.}}$ 36(?). 42. 45. 47. 77. 83. 87. 105; H, 6. 8. 10. 16; D, 18; K, 13; S, 2; 3) unserem „dass“ entsprechend: Beh, 13. 21; NR, 28. 29; 4 in Zusammensetzungen: Beh, 10. 11. 27. 28. 47. 66. 84. 109; NR, 24; H, 20.

šû „der, dieser“; *šû (šú-ú* Beh, 12. 71. 90; K. 13; *šú-u* Beh, 15. 19. 31. 41. 91. 92. 93); fem.: *ši (ši-i)* Beh, 18; pl. msc.: *šunu (šu-nu)* Beh, 3; fem.: *šina (ši-na)* Beh. 100.

šâšu „dieser, dieses“ *(ša-a-šu)* Beh. 8$^{\text{bis.}}$

šu'atu „derselbige“; *šu'atu (šú-a-tú)* Beh, 106; *šu'atim (šú-a-tim)* Beh, 66.

ša'âlu „vor Gericht fordern, belangen“(?); imp. mit suff.: *šâlšu* „fordere ihn vor Gericht“ *(ša-al-šu)* Beh, 97.

šadû „Berg“; *šadû (ša-du-ú* K, 15; KUR-*ú* Beh. 15); pl.: *šadê* (KUR $_{pl}$) H, 8, 16.

šaṭâru „schreiben, beschreiben“; impf. *išṭur (iš-ṭu-ur)* K, 17; inf.: *šaṭâri (ša-ṭa-[ri])* K, 18. — **šaṭâru** „Schrift“ *šaṭâri (ša-ṭa-ri)* Beh, 98.

šakânu „setzen, machen, tun“; impf. mit suff.: *aškunšu (aš-ku-un-šu)* Beh, 63; *aškunúšunu (aš-ku-un-nu-uš-šu-nu)* H, 21; I, 2 impf.: *ištakan ([iš-]ta-kan)* K, 16; 1. ps.: *altakan (al-ta-kan)* Beh, 88; K, 17; mit suff: *altakanšu (al-ta-kan-šu)* Beh, 60; IV, 2: *ittaškan (it-taš-kan)* Beh, 14.

šalâmu(?) „sprechen, erwähnen“(?); präs.: *išállim-ma (i-šal-lim-ma)* Beh, 21.

šalṭu „Herrschen, Herrschaft“; *šalṭa (ša-al-ṭa)* NR, 9.

šumu „Name“: ideogr.: MU S, 8; mit suff.: *šumšu* „Namens“ *(šú-um-šu* Beh, 49. 53. 57. 59. 68$^{\text{bis.}}$ 71. 90. 91. 92. 94. 111; MU-*šu* Beh, 15. 23. 31. 36. 41. 44. 45. 93. 110. 111).

šêmû „hören, gehorchen“; präs. pl. mit suff.: *išêmû'ni (i-šim-mu-'-in-ni)* Beh, 48; fem.: *išêmâ'ni (i-še-im-ma-'-in-ni)* Beh. 7.

šamê „Himmel“; ideogr. mit phonet. Compl.: AN.*e* NR, 1; O, 3; H, 2; D, 2; E. 2; Ca, 1; Cb, 2; F, 4; K, 2.

šummuḫu „feindlich“(?); pl.: *šummuḫû (šú-um-mu-ḫu)* NR, 21.

šanû „ein anderer“: mit hervorhebendem *ma: šanâ-ma (ša-nam-ma)* E, 8; pl. msc.: *šanûtu (ša-nu-tú)* NR, 18; *šanûti (ša-nu-ú-ti)* D, 12; fem.: *šanêtum (ša-ni-tum)* H, 8. 16; *šanêti-ma (ša-ni-ti-ma)* H, 7. 15.

šanitu „Mal“ *šanitu* (ideogr.: ŠU Beh, 71; *ša-ni-tum* Beh, 51); *šanítim (ša-ni-tim)* Beh, 55.

šapâru „senden, schicken“; impf.: *išpuru (iš-pu-ru)* Beh, 82; I, 2: *altapar (al-ta-par)* Beh, 44. 86.

šarru (**šêrru?**) „König“; id.: LUGAL Beh, 1$^{\text{drei Mal.}}$ 2. 3. 4$^{\text{drei Mal.}}$ 8. 10. 11$^{\text{bis.}}$ 12. 17. 19$^{\text{bis.}}$ 24. 29. 30. 32. 33. 36. 38. 40. 42$^{\text{bis.}}$ 53. 61. 68. 70. 72. 77. 78. 84. 89$^{\text{bis.}}$ 99. 100. 101. 105; M; Sgl; KR; Beh. kl, 9; NR, 4. 7. 19. 22. 30; B, 1; O, 14. 17; H, 12; G, 1; D, 6. 9. 17; E, 5. 7; Ca, 4. 5. 6. 8. 9. 12; Cb, 6. 9. 14. 17. 22; F, 14. 15. 16; K. 5. 7$^{\text{bis.}}$ 12. 13; S, 1$^{\text{bis.}}$ 2. 4—7; Sb, 3; Q; *šarri* (LUGAL NR, 3. 26; NR. kl, 1. 2; O, 9; H, 4. 5; G, 3; D, 4. 8; E, 6; Ca, 3. 7; Cb, 5. 12; F, 10. 19; K, 4. 10; S, 3—6. *šar-ri* L; Sb. 1, wenn der Text von Oppert richtig veröffentlicht ist. *ša-ar-ri)*; st. c.: *šar* (LUGAL) KR$^{\text{drei Mal}}$; Beh. kl. 2. 5; NR, 4$^{\text{bis.}}$ 5; B, 2bis; O, 14. 15; G, 2; D, 6. 7bis; E, 5$^{\text{bis.}}$ 6; Ca, 5. 6bis; Cb, 9$^{\text{bis.}}$ 11; F, 14. 15; K, 8$^{\text{bis.}}$ 9; Lwst. 3. 4; mit suff.: *šarrušina* (LUGAL-*[ši]-na)* Beh, 5; pl.: *šarrâni* (LUGAL $_{pl}$) Beh, 3; B. 2; O, 10. 14; G, 2; D. 5. 6; E, 4. 5; Ca, 4. 5; Cb, 6. 9; F, 10. 14; Lwst, 3; (LUGAL.LUGAL $_{pl}$) KR; NR, 3. 4; K, 5. 8; S. 2; mit suff.: *šarrânišunu* (LUGAL-$_{pl}$-*šu-nu)* Beh, 90. — **šarrûtu** „Königsherrschaft, Herrschaft, Reich“; *šarrûtu* (LUGAL-*tu* Beh, 3. 4. 10; LUGAL-*ú-tu* Beh, 18. 20. 32; H, 5; LUGAL-*u-tú* Beh, 24bis; LUGAL-*ú-tú* NR, 22); *šarrûti* (LUGAL-*ú-ti)* E, 3; mit suff.: *šarrûtû'a* (LUGAL-*tu-a)* Beh, 10; *šarrûti'a* (LUGAL-*ú-ti-i'a)* D, 18; E, 11; K, 20.

ר

ta'âmu (**ṭa'âmu?**) „herrschen, gebieten" (vgl. auch Schrader, „*Höllenfahrt*", S. 151 f.): II. 1: *utâ'ama* (*û-ta-'a-ma*, NR. 35; Ca. 5; Cb, 8; K, 6; part. pl.: *mutâ'imê* (*mu-ta-'-i-me-e*) F, 11; *mutê'imê* (*mu-te-'-i-me pl*) O, 11; *mutê'emê* (*mu-te-'-e-me* D, 5: *mu-te-'-e[-me]-'* E, 4).

târu „werden": impf.: *itûr* (*it-tur*, Beh, 12. 19; 1. p.: *âtûr* (*at-tur*) Beh, 5; *âtûru* (*a-tu-ru*) Beh, 11. 40; pl.: *itûrû* (*i-tu-ru-'*) Beh, 109; *itûrûnu* (*it-tu-ru-nu*) Beh, 7.

tibû „(feindlich) kommen, sich erheben, empören"; impf.: *itbû-ma* (*it-ba-am-ma*) Beh, 30. 31. 41. 71.

tâḫazu „Schlacht"; id.: mê Beh, 55; *tâḫaza* (*ta-ḫa-za*) Beh, 49. 50. 54.

tarṣu „Richtung": *ana tarṣi* „gegen" (*tar-ṣi*) Beh, 50. 54. 55.

Eigennamenverzeichniss.

U'izparu (m *Ú-iz-pa-ru-'*) Beh, 110.

U'isadâ'i (*Ú-'-is-sa-da-a-'-i*) D, 11; (Vgl. Spiegel, a. a. O. S. 123).

Agamatanu (alu *A-ga-ma-ta-nu*) Beh, 60.

Izkuduru (mâtu *Iz-ku-du-ru*) NR, 17.

Izkartâ'a (mâtu *Iz-ka-ar-ta-a-a*) Beh, 93.

Azpašina (m *Az-pa-ši-na*) NR. kl, 2.

Aḫamaniši (m *A-ḫa-ma-ni-iš-'* Beh, 1. 2; *A-ḫa-ma-niš-ši-'* M; NR, 6; *A-ḫa-man-niš-ši-'* KR; *A-ḫa-ma-an-ni-iš-ši-'* B, 5; O. 20; D, 9; Ca, 7; Cb, 13; *A-ḫa-ma-an-niš-ši-'* G, 4, E, 7; *A-ḫa-ma-ni-ši-'* S, 7 *A-ḫa-ma-MAN-ni-iš-ši-i* F, 20).

Aḫurumazdâ (ilu *A-ḫu-ur-ma-az-da-'* NR, 1. 8. 20. 23. 31bis. 32. 34bis. 35; Ca, 1. 9. 10. 13; Cb, 1. 16. 19. 24; F, 1; K, 1. 14. 19; *A-ḫu-ru-ma-az-da* O, 1; *A-ḫu-ru-ma-az-da-'* D, 1. 10. 16. 17. 20; E, 1. 9. 10; *A-ḫu-ru-mu-uz-du* S, 11. 14). — **Ûramazdâ**, geschr.: *Ú-ru-ma-az-da* H, 1. 13. 22. 23; *Ú-ri-mi-iz-da-'* Beh, 4bis. 7. 9. 10; *Ú-ri-mi-iz-da* Beh, 10. 11. 22drei Mal. 24. 27. 28. 35bis. 37bis. 39. 46. 52. 58; *Ú-ra-mi-iz-da* Beh, 58. 62bis. 65bis. 81; *Ú-ra-ma-az-da* Beh, 74bis. 76bis. 80bis. 81. 96. 99. 103bis. 107. 108.

Èlâmat (mâtu NIM.MA.ki Beh, 5. 30. 40. 42. 91; Beh. kl, 2. 5; NR, 11; *E-lam-mat* Beh, 41; amêlu *Èlâmû* Beh, 30).

Umidarna (m *Ú-mi-da-ar-na-'* Beh, 44. 45).

Umizdâtu (m *Ú-mi-iz-da-a-tú* Beh, 75. 77. 78; Beh. kl, 7; *Ú-mi-iz-da-a-tum* Beh, 82; *Ú-mi-iz-da-a-ti* Beh, 76).

Umaku'ištar (m *Ú-ma-ku-iš-tar* Beh, 43. 61. 93; Beh, kl, 4. 6).

Umimana (m *Ú-mi-ma-na-'* Beh, 79).

I'âmanu (mâtu *I'a-a-ma-nu* Beh, 5; *I'a-ma-nu* NR, 16. 18).

Imanôsu (m [*Im*]-*ma-ni-si* Beh, 42; *Im-ma-ni-e-šu* Beh. kl, 5).

Umisi (m *Ú-mi-is-si* Beh, 53. 55; *Ú-mi-is-su* Beh, 54).

Umurga (mâtu *Ú-mu-ur-ga-'* NR, 14).

Umitana (m *Ú-mi-it-ta-na-'* Beh, 110).

Indû (mâtu *In-du-ú* NR, 14).

Anaḫitu (ilu *A-na-aḫ-i-tu* S, 12; *A-na-aḫ-i-tu-'* S, 14).

Aniri (m *A-ni-ri-'* Beh, 31).

Apadan (*Ap-pa-da-an* S, 8; vgl. Spiegel, a. a. O. S. 128).

Arabi (mâtu *A-ra-bi* Beh, 5; NR, 15).

Arbâ'il (alu *Ar-ba-'-il* Beh, 63).

Ardimaniš (m *A-ar-di-ma-ni-iš* Beh, 111).

Araḫu (m *A-ra-ḫu* Beh, 88. 94; Beh, kl, 8).

Aruḫati (mâtu *A-ru-ḫa-at-ti* Beh, 79. 84; *A-ru-ḫa-at-ti-'* NR, 13).

Arakadri (*A-ra-ka-ad-ri-'* Beh, 15).

Arômu (mâtu *Ar-e-mu* Beh, 6; *A-ri-e-mu* NR, 12).

Ari'aramnâ (m *Ar-i'a-ra-am-na-'* Beh, 2bis).

Urašṭu (mâtu *Ú-ra-aš-ṭu* Beh, 49. 53; NR, 16; *Ú-ra-as-ṭa* Beh, 94).

Artakšatsu (m *Ar-tak-šat-su* S, 1. 4bis. 10; *Ár-tak-šat-su* Sb, 1; *Ar-ta-'-ḫa-ša-is-su* Q (ist *is* nur ein Schreibfehler für *at?*); *Ar-ta-ak-* . . Lwst, 7).

Artamarzi'a (m *Ar-ta-mar-zi-i'a* Beh, 73).

Ušuḫku (m *Ú-šú-uḫ-ku* Beh, 111).

Ašina (m *A-ši-na* Beh. kl, 2).

Aššur (mâtu *Aššur* (= *Áš-šur*) Beh, 5; *Aššur* ki Beh, 40; NR, 15).

Uštazpi (m *Uš-ta-az-pi* Beh, 1bis. 64. 65. 66bis; *Uš-ta-az-pa* KR; NR, 6; B, 4; O, 19; *Uš-ta-az-pa* S, 7).

Bâbilu (id.: TIN.TIR ki Beh, 5. 31. 32bis. 33. 36bis. 39. 85bis; KA.ki Beh, 39; NR, 15; geschrieben: E.ki Beh, 87. 89). — **Bâbilâ'a** (amêlu E. ki-a-a) Beh, 91.

Baḫtar (mâtu *Ba-aḫ-tar* Beh, 6; NR, 12.

Barzi'a (m *Bar-zi-i'a* Beh, 12; *Bar-zi-i'a* Beh, 13bis. 21; Beh. kl, 1. 7).

Gûmâtu (m *Gu-ma-a-tú* Beh, 18. 20. 23. 25. 26. 28. 29. 90; *Gu-ma-a-tum* Beh. kl, 1; *Gu-ma-a-ti* Beh, 109).

Gandari (mâtu *Gan-da-ri* NR, 13).

Dadaršu (m *Da-da-ar-šu* Beh, 49. 50. 69).

Diḳlat (nâru *Di-iḳ-lat* Beh, 35; nâru IDIGNA Beh, 34).

Dâri'âmuš (m *Da-a-ri-i'a-a-muš* O, S. 13; L;

G, 3; D, 8: E, 6; Ca, 7. 9. 12; Cb, 12. 17. 22; *Da-a-ri-i'a-muš* KB; NR, 3. 4. 7. 19. 26. 30; NR. kl, 1. 2; H, $1^{\text{bis.}}$ 12; S, $3^{\text{bis.}}$ 6bis; *Da-ri-i'a-a-muš* B, 1; F, 19; K, 10. 12; *Da-ri-i'a-muš* Beh, 1—3. $4^{\text{bis.}}$ 8. 10. 11. 17. 19. 24. 28. 29. 32. 33. 38. 40. 42. 53. 68. 70. 72. 77. 78. 84. $89^{\text{bis.}}$ 99. 100. 101; *Da-ri-i'a-muš* Sgl).

Zûzu (*alu* *Zu-ú-zu* Beh, 49).

Zâtu (*m* *Za-'-tu-'* Beh, 111).

Zazanu (*alu* *Za-za-an-nu* Beh, 36).

Zaranga (*mâtu* *Za-ra-an-ga-'* NR, 13).

Ḫumarizmu (*mâtu* *Ḫu-ma-ri-iz-mu* Beh, 6; *Ḫa-ma-ri-iz-ma-'* NR, 12).

Ḫiši'arši (*m* *Ḫi-ši-'-ar-ši* G, 1; D, 4. 6. 9. 17; E, 3. 5. 7; *Ḫi-ši-'-ar-ša-'* Ca, 3. 5. 8; Cb, 5. 8. 14; F, 9. 13; K, 1. 7. 12; *Ḫi-ši-'-ar-šu* S, 5bis).

Ḫašatriti (*m* *Ḫa-ša-at-ri-it-ti* Beh, 43. 92; *Ḫa-ša-at-ri-e-ti* Beh. kl, 1).

Kubara (*m* *Ku-bar-ra* NR. kl, 1).

Kugunaka (*alu* *Ku-gu-na-ak-ka* Beh, 41).

Kambuzi'a (*m* *Kam-bu-zi-i'a* Beh, 12; *Kam-bu-zi-i'a* Beh, $13^{\text{bis.}}$ $16^{\text{bis.}}$ 17).

Kamabad (*alu* [*Ka*-]*am*[-*ma*]-*bad* Beh, 47).

Kundur (*alu* *Ku-un-du-ur* Beh, 57).

Kirka (*mâtu* *Kir-ka* NR, 19).

Kuraš (*m* *Ku-ra-aš* Beh, 21; M; Beh. kl, 7; *Ku-raš* Beh. kl, 1).

Kûšu (*mâtu* *Ku-ú-šú* NR, 19).

Katpatuka (*mâtu* *Ka-at-pa-tuk-ka* NR, 16).

Magûšu (*Ma-gu-šu* Beh, 18. 20. 23. 25. 26. 28. 29. 90; *amêlu* *Ma-gu-šu* Beh, 29. 90; Beh. kl, 1).

Madâ'a (*mâtu* *Ma-da-a-a* Beh, 14. 16. 23. 26. 40. 43. $44^{\text{bis.}}$ $45^{\text{bis.}}$ $47^{\text{bis.}}$ $57^{\text{drei Mal.}}$ 59. 61. 73; NR, 11; H, 7. 15).

Maṣû (*mâtu* *Maṣ(?)-su-ú* NR, 19; *amêlu* *Maṣ-a-a* NR. kl, 3).

Miṣir (*mâtu* *Mi-ṣir* Beh. 5. 13. 14; NR, 16).

Marû (*alu* *Ma-ru-'* Beh. 15).

Margû (*mâtu* *Mar-gu-'* Beh, 68; Beh. kl, 9).

Margumâ'a (*mâtu* *Mar-gu-ma-a-a* Beh, 69; *amêlu* *Mar-gu-ma-a-a* Beh, 93).

Marratu (fem. von *marru* „bitter“, vgl. Friedr. Delitzsch, „*Wo lag das Paradies?*“ S. 180 f.) geschr.: *nâru* *Mar-ra-tum* NR, 17; H, 9. 10. 17. 18; *Mar-ra-ti* Beh, 5.

Marti'a (*m* *Mar-ti-i'a* Beh, 41; Beh. kl, 5; *Mar-ti-i'a* Beh, 42).

Mitri (*ilu* *Mi-it-ri* S, 12. 15).

Nabûkudûri'uṣur (id.: *m* *ilu* ŠAD. NIN. GUD. URU Beh, 37. 83. 91; Beh. kl, 3. 8).

Nabûnâ'id (id.: *m* *ilu* ŠAD. I Beh, 85; Beh. kl, 3. 8).

Nidintubêl (*m* *Ni-din-tú-ilu* EN Beh, 31. 34. 37. 38. 39. 91; *Ni-din-tum-ilu* EN Beh. kl, 3).

Nammiri (*mâtu* *Nam-mi-ri* Beh, 6. 41; *Nam-mir-ri* NR, $11^{\text{bis.}}$ 17).

Nisâ'a (*mâtu* *Ni-is-sa-a-a* Beh, 23).

Sugdu (*mâtu* *Su-ug-du* Beh, 6; NR, 12).

Siḫi'ubâti (*alu* *Si-hi-ú-ba-a-ti-'* Beh, 23).

Suḫra (*m* *Su-uh-ra-'* Beh, 110).

Sapardu (*mâtu* *Sa-par-du* Beh, 5; *Sa-par-da* NR, 16).

Satagû (*mâtu* *Sa-at-ta-gu-ú* Beh, 6; *Sa-at-ta-gu-u* Beh, 41; *Sa-at-ta-gu-šú* NR, 13).

Pidišḫuriš (*amêlu* *Pi-id-di-iš-ḫu-ri-iš* NR. kl, 1).

Pûṭa (*mâtu* *Pu-ú-ṭa* NR, 18).

Parada (*m* *Pa-ra-da-'* Beh, 68. 93; Beh. kl, 9).

Parumartiš (*m* *Pa-ar-ú-mar-ti-iš* Beh, 43. 58. 64. 92; *Pa-ar-mar-ti-iš* Beh. kl, 4).

Parupara'esana (*mâtu* *Pa-ar-ú-pa-ra-e-sa-an-na* Beh, 6).

Parsû (*mâtu* *Par-su* Beh, 1. 4. 16. 26. 40. 41. 71. 72. 73. 78. 84. 94; H, 6. 15; *Par-su-u* NR, 9; *Pa-ar-su* Beh, 5; *Par-sa* D, 13; *Par-sa-a-a* Beh, 44. 53; *amêlu* *Par-sa-a-a* Beh, 1. $110^{\text{bis.}}$ 111; NR, 6. 7. 28. 29).

Partû (*mâtu* *Pa-ar-tu-ú* Beh, 64; *Par-tu-ú* NR, 12).

Purâtu (id.: *nâru* PURA. [NUN]. KI Beh, 36).

Pišiḫumadu (*mâtu* *Pi-ši-'-ḫu-ma-du* Beh, 15).

Ragâ (*mâtu* *Ra-ga-'* Beh, 59).

Šinšaḫriš (*m* *Ši-in-ša-ah-ri-iš* Beh, 41).

Šišpiš (*m* *Ši-iš-pi-iš* Beh, $2^{\text{bis.}}$).

Šitrantaḫma (*m* *Ši-it-ra-an-taḫ-ma* Beh, 62; *Ši-tir-an-tah-mu* Beh. kl, 6).

TEXTKRITISCHE
ANMERKUNGEN.

A. Anmerkungen zu der grossen Dariusinschrift von Behistun.

Die Transscription mit Zeichenabteilung" ist genau nach dem Texte, welchen G. Smith's Ausgabe in „the cuneiform inscriptions of Western Asia" t. III London 1870, pl. 39 to 40 bietet, angefertigt. Der senkrechte Keil vor den Namen männlicher Personen ist nach Lotz (a. a. O.) mit kleingedrucktem m, das Pluralzeichen mit pl bezeichnet. Die Ideogramme sind nach ihrer assyrischen Aussprache im Nominativ, jedoch ohne Bezeichnung der Vocal-Längen angegeben.

Alle Abweichungen unserer Transscription von dem im Londoner Inschriftenwerke veröffentlichten Texte sind in den „Anmerkungen" verzeichnet. Zudem ist eine genaue Vergleichung sämmtlicher Editionen des Textes von Zeile 1 bis 40 beigegeben. „Rawl." bedeutet die Publication Sir Henry Rawlinson's im Journal of the Royal Asiatic Society; Lond. 1851 vol XIV, part I; die in eckigen Klammern stehenden Angaben beziehen sich auf die dort beigegebenen Tafeln. Mit „Opp." ist die Bearbeitung der Inschrift von Jules Oppert in dessen „Expédition scientifique en Mésopotamie", t. I Par. 1859; pp. 198–250 und insbesondere p. 238 sqq., mit „Sle." die Ausgabe De Saulcy's im Journal Asiatique 1854; sér. V t. 3 pp. 93–160 gemeint. „Schr." bedeutet die Edition Eberhard Schrader's in der ZDMG. Bd. XXVI Hft. 1 & 2; Leipz. 1872 pp. 339–358. – Von Zeile 40 der Inschrift an haben wir lediglich Schrader's Differenzen mit unserer Bearbeitung angemerkt, da Rawlinsons treffliche Wiedergabe des Textes hier abbricht, Saulcy's Arbeit in der That nur „historischen Werth hat" und Opperts Verbesserungen von Schrader fast sämmtlich berücksichtigt sind. Wie glaubten, dem Leser die Einführung in das Wirrsal falscher Vermutungen vorda ab ersparen zu dürfen. Bei einem durchgehenden Fehler wurde nur Schrader's Lesart wiederholt angemerkt.

<u>Zeile 1.</u> Der Anfang der Zeilen ist bis Zeile 56 etwa zu zwei Drittel, von da an fast bis zur Hälfte abgebrochen. Alles im III. R. noch Verzeichnete, was nicht mehr deutlich gelesen werden kann, wird in den einzelnen Anmerkungen berücksichtigt. <u>1.</u> III. R: [illegible]; Rawl: [illegible], [[illegible]]; Slc: [illegible], Opp: פר נִשׁ; Schr: [<u>matat</u>]. – <u>2.</u> So bereits Rawl: [<u>ki</u>-<u>ha</u>-<u>m</u>]; Slc: <u>RAM</u> „grand", Opp: קַבָקָא. – <u>3.</u> Fehlt bei Schr.

<u>Zeile 2.</u> <u>4.</u> Rawl. und Slc., offenbar wegen der Typen: [illegible].

<u>Zeile 3.</u> III. Rawl. am Anfang: <u>ul-tu</u> <u>abu</u>- [illegible] <u>i ni</u> [illegible]. <u>5.</u> Rawl: <u>ga</u>; Slc: <u>D</u>, Opp: אֲנַחְנָא; Schr: [<u>nah</u>]. – <u>6.</u> III. R: [illegible]; vgl. Zeile 18 und <u>Haupt</u>, SFG. p. 44, A. 1. <u>7.</u> Das Pluralzeichen unterläßt <u>Schrader</u> regelmäßig zu transscribiren.

<u>Zeile 4.</u> III. R. am Anfang: [illegible] - <u>iá-muš</u> <u>šarru</u> <u>Ki-a-am</u>. – <u>8.</u> Zwischen <u>da</u> und <u>?</u> fehlt nichts. – <u>9.</u> Rawl: <u>ta</u>(?), [<u>libu</u> (?)]; Slc: <u>D</u>.

<u>Zeile 5.</u> <u>10.</u> So conjicire ich, III. R., Rawl., Opp. und Schr. haben: <u>šu</u>, Slc: <u>Ou</u>. <u>11.</u> Rawl: <u>šar</u>. –

<u>Zeile 6.</u> III. R. am Anfang: [illegible] <u>matu</u>. <u>12.</u> Rawl: <u>a-zi</u>, [<u>az</u>?]; Slc: <u>az</u>(?). – <u>13.</u> Schr: <u>iš</u> (was [illegible] wäre). – <u>14.</u> Schr: <u>su</u> (statt <u>šu</u>). – <u>15.</u> Zwischen <u>pa</u> und <u>ar</u> fehlt nichts. – <u>16.</u> Schr: <u>sa</u> (statt <u>ša</u>). – <u>17.</u> III. R. <u>gi</u>, vgl. aber <u>Friedr. Delitzsch's</u> „Paradies" p. 246; schon Opp: נִבְּרִי.

<u>Zeile 7.</u> III. Rawl. am Anfang: <u>a-am</u> <u>i-gab-bi</u>. – <u>18.</u> Slc: <u>D</u>. – <u>19.</u> Rawl: <u>iš</u>, [<u>š</u>]; fehlt bei Slc. – <u>20.</u> Opp: צִבְדִי, vgl. jedoch Z. 44 und 53 und das Persische.

<u>Zeile 8.</u> III. R. am Anfang: [illegible] <u>ud</u> <u>nu</u>; <u>21.</u> Rawl: [illegible] <u>nu</u>; Slc: [illegible] <u>N</u> (<u>L</u>?); Opp: בְּנוּשׁוּ. – <u>22.</u> Rawl: [[illegible] (?)], Slc: ? (<u>N</u>?), Opp: בְּבָּבּ; Schr: <u>bil</u>. – <u>23.</u> Fehlt nichts. – <u>24.</u> Rawl: <u>Ku</u>, [<u>Ki</u> (?)]; Slc: <u>MT</u>, aber schon Opp: קְתְקַד. <u>25.</u> Rawl: [[illegible] (?), „it may perhaps be [illegible]"], so auch Slc.

<u>Zeile 9.</u> III. R. am Anfang: <u>ina</u> <u>tu</u> <u>ga</u> <u>libbu</u> <u>ša</u> <u>a</u>. – <u>26.</u> Schr: <u>bil</u>. – <u>27.</u> Rawl: [illegible], aber: [[illegible] š]; Opp: אַשְׁכַּלָא; Schr: <u>as</u> (statt <u>aš</u>). – <u>28.</u> Fehlt bei Rawl. und Slc. –

Zeile 10. III. R. am Anfang: ri-ia-mu? šarru Ki- 29. III. R.: [Keilschriftzeichen] sic [Keilschriftzeichen]; Rawl.: fehlt! ebenso Slc., Opp. (פרוֹתָא) und Schr. 30. Rawl. [Keilschriftzeichen], ebenso Slc.; fehlt III. R. mit der Bemerkung: „sic cast." 31. Rawl. richtig: yas-si, [is-si], ebenso Slc: S.S.; dagegen Opp: יַעֲדִיבָר; Schr: is-sam! — 32. Schr. in Klammern: [gi-ta].

Zeile 11. III. R. am Anfang: a-na. — 33. So vermute ich, III. R.: [Keilschriftzeichen], Rawl: ar, [„one letter here is wanting"]; Slc: „ici manque une lettre"; Opp: אַכְבִּישׁ; Schr: [ak]. — 34. Rawl: Khar(?), [up-Ki]; Slc: Kh. R; Opp: אִפְכִּי. —

Zeile 12. 35. Auch hier fehlt nichts; Rawl: [„it is doubtful whether this was ever lettered"]; Slc: „lacune douteuse". — 36. Rawl: asad(?); Slc: BA? M? DU? BERAOU?; Opp: עִשְׁתִּין und nach ihm Schr. 'istin. — 37. Rawl: asat(?); Slc: A; Opp: אַחַת; Schr: ihit.

Zeile 13. III. R. am Anfang: ša. — 38. Rawl: [[Keilschriftzeichen] (?) [Keilschriftzeichen]; „one letter is apparently wanting."] — 39. Slc: 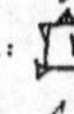; Opp: מִגְדִּי; Schr: mi(!)-[gi-]di. —

Zeile 14. III. R. am Anfang: bat. — 40. Schr: sir (war [Keilschriftzeichen] wäre).
41. So vermute ich statt [Keilschriftzeichen] (III. R.), Opp: יִלְבִּין; Schr: [lak]. —
42. Rawl: Ku, [Ki(?)]; Slc: M. M; Opp: יָקוּם; Schr: u-Kum.
43. Rawl: lak, [ur]. — 44. Hier fehlt nichts, das Zeichen ist [Keilschriftzeichen] ohne den Keil rechts zu lesen (vgl. Zeile 12. 36. 60. 88. 106. 112); Rawl: [Keilschriftzeichen]; Slc: [Keilschriftzeichen]; Opp: יִזְבִּל, daher Schr: zil. — 45. Fehlt nichts. — 46. Opp: יִגְאָר. —

Zeile 15. III. R. am Anf: ~~[illegible]~~ ma ba a. 47. Fehlt nichts; — 48. Rawl: ta, [ti(?)]. — 49. Opp: צַרְת יִיָּ שׁוּזִיא אַן; Schr. vermutet: Tu-u-a-zu; vgl. Nr. 131. —

Zeile 16. 50. Rawl: ['a]; Slc: Ah. — 51. Rawl: eli; Slc: Kh Kh; Opp: אִיבִּי שׁוּא; Schr: 'ili.

Zeile 17. III. R. a. Anf: a...... Kam-bu [Keilschriftzeichen]; Opp. transscribirt die ganze Stelle: בִּית יָהַר בְּבִשׁוּ בִּית. —

Zeile 18. III. R. a. Anf: ga. 53. Rawl: [Keilschriftzeichen] ta, dagegen: [a, „the first letter of this word...... may be read [Keilschriftzeichen], fully as well as [Keilschriftzeichen]"]. — 54. Hier schaltet Rawl. ein [Keilschriftzeichen] ein und bemerkt: [[Keilschriftzeichen] = t(?), „the letter has the appearance

of <, rather than of any of the forms of t]; Slc: <(?), Ou(?); Opp: נְצַח יום רחק; Schr. schaltet [tar] ein; vgl. seine Anm. 4 S. 342 zu der Stelle.
55. Opp: אִנַּבְּתָא, daher Schr: ta.

Zeile 19. II. R. am Anfang: ni za áš ba til. 56. Fehlt bei Schr. – 57. Slc: B; Opp: אבבב. – 58. So transscribire ich hier nach Haupt.

Zeile 20. 59. Slc: N. – 60. So conjicire ich; Rawl: Khat (?), [bit (?)]; Slc: Ou; Opp: יְבְתַנָם; Schr: in Klammern: [Kid].

Zeile 21. III. R. a. Anf: Ku-um-ma giš. 61. Schr: maš (statt ma-aš). – 62. Opp: כָּרַשׁ 3פּשׁ! 63. Fehlt bei Rawl. in der Tafel, daher auch bei Slc. und Opp; (bei Rawl. p. LXVII: man-ma ul). – 64. Schr: sal. 65. Opp: אִן; das vorausgehende ma fehlt. – 66. Schr: ili.

Zeile 22. 67. Fehlt bei Rawl. p. LXVIII. – 68. So möchte ich lesen; Rawl: as(?), [li]; Slc: R? L? N?; Opp: אַבְּנִיָא; Schr: u. – 69. Rawl: [ta (?)]; 70. Schr: sem.

Zeile 23. II. R. am Anf: til. 71. Fehlt bei Rawl. p. LXVIII. – 72. Ein mir unverständliches Ideogramm; Rawl: [tur ep ir(?)]; Slc: BAR.A.I; Opp: דְּבִי; Schr: TUR. KAK. MIS. – 73. III. R.: fehlt bei Rawl. in der Tafel, richtig dagegen p. LXVIII. – 74. Rawl: ? sik, [si]; Schr: si (?). – 75. Rawl. ta, [(?) Khi]; Slc: Kh. – 76. Rawl: ra; Opp: סְכַּבְּתָא; Schr: za. – 77. III. R., fehlt bei Rawl., Slc., Opp. und Schr. –

Zeile 24. 78. So liest schon Rawl. das . – 79. Opp: שׁ3פֵּנִי. –

Zeile 25. 80. So lese ich hier und Zeile 26 ; Rawl., Opp. u. Schr: Kan; Slc: H („peut-être l' article").

Zeile 26. 81. So conjicire ich mit Opp. und Schr. –

Zeile 27. 82. Fehlt bei Opp! 83. So ist mit Opp. und Schr. zu lesen; vgl. ABK., S. 344, Anm. 2; Rawl: (?) und [( )] mit der Bemerkung: [„this letter is much defaced, the form rather resembles , which, however, is otherwise an unknown sign"]; die letztere Angabe ist unrichtig; denn das Zeichen findet sich schon bei Westergaard (1844), a. a. O. Taf. XVII ult. (anders verhält es sich bei Schulz, J. As. 1840, Taf. VII, l. 10, wo statt zu trennen ist:). Das Richtige vermutet Rawl. selbst p. LXXXIV: „this may have been originally an error of the sculptor"

Zeile 29. 84. Rawl: [illegible] sa, ebenso Slc., Opp. und Schr.

Zeile 30. 85. Rawl: ki, aber: [ur], Slc. K. 86. Opp: [illegible]; Schr: nisi ᶜHamti.

Zeile 31. III. R. am Anfang: [illegible] ni mat ud 87. Rawl: na-di, dagegen: [ni-din] 88. Opp: [illegible] 89. Opp: [illegible]

Zeile 32. III. R. am Anf: [illegible] 90. So liesse sich wegen des folgenden ittêKir vermuten, wenn anders der Text richtig wiedergegeben ist; Rawl: [[illegible] (?)]; Opp: [illegible] und danach Schr: lik. 91. Rawl: [ta]; der Schluss der Zeile fehlt p. LXXXVI sqq.

Zeile 33. III. R. a. Anf: [illegible] 92. Rawl: [ku]; Slc: AK. 93. Rawl: laku; Slc: RB; Opp: [illegible]; das ma fehlt.

Zeile 34. III R. am Anf. Ku. 94 Rawl. p. XC: [illegible] (?) und: [--], so auch Slc; Opp: ([illegible]); Schr: [li], es verbirgt sich hinter den rätselhaften Zeichen offenbar ein Wort für „Schiff, Bot", vielleicht Kêlu (oder Kilu?, vgl. Smith, Asurban. 177, 81; 192, 14). 95. So vermute ich; Rawl: ba, aber: [ma]; Slc: M; Opp: [illegible]; Schr: milur Kissâti, die im Glossar S. 377 hierzu citirte Stelle (II R. 39, 7 gh) bietet aber: [illegible].

Zeile 35. III. R. am Anf: ma ana mat Ki. 96. Schr: sam. 97. Rawl: ta, [ti (?)]; Opp. [illegible]; Schr: lat; 98. Opp: [illegible].

Zeile 36. Von hier bis Zeile 44 sind die Zeilenanfänge erhalten; dagegen fehlt ein Stück im ersten Drittel der Zeile, welches in der Transscription (S. 25 f.) mit ...... bezeichnet ist; Zeile 36 ist dort noch sichtbar: [illegible] [ ] [illegible] 99. Schr: ar-ki (statt: ar-ki) 100. Rawl: lik, [hvir (?)]; Slc: R; 100 bis. Rawl: [aki (?)]; Opp: [illegible].

Zeile 37. 101. Opp: [illegible]; 102. Schr: sam; 103. Zwischen u und ki fehlt nichts; III R: [illegible]; Rawl. und Schr. haben keine Lücke.

Zeile 38. III. R. am Anf: [illegible] 104. Hier schliesst die Transscription Rawlinson's auf p. C ab; es bleiben nur noch die Tafeln zur Collation. 105. Fehlt nichts; Opp: [illegible]. 106. So ist hier [illegible]

zu lesen; vor [illegible] fehlt nichts; Rawl.: [[illegible]]; Slc. [illegible]; Opp.: [illegible]; Schr.: su.
Zeile 39. III. R. am Anfang: a-bi-a [ ] na ša [ ] mat [ ] Ki.–
107. So lese ich mit Rawl., Slc., Opp. und Schr. statt [illegible].– 108. Fehlt nichts.
Zeile 40. In der Lücke: ša //// ana-Ku ina //// Ki.– 109. Schr.: mat-at.
110. Fehlt bei Schr.
Zeile 41. 111. Schr.: sa (statt śa); – 112. So conjicire ich mit Schr.; 113 Fehlt bei Schr.
Zeile 42. 114. So lese ich nach Beh. Kl. Nr. 5 (S. 32); [illegible] ist zu streichen; Schr.: um-ma ana-Ku.– 115. III. R. vor ana: [illegible]-še-'. 116. Fehlt bei Schr. 117: Schr.: ili.
Zeile 43. 118. Schr.: zu.– 119. Fehlt nichts.– 120. So lese ich nach Zeile 61. 93 und Beh. Kl. 4 u. 6; Schr.: Ki.
Zeile 44. In der Lücke: ú //// a iz du [illegible] du.– 121. Schr.: lâ.
Zeile 45. III. R. am Anfang:] bi ša [ ] ma [ ]; – 122. Fehlt nichts. 123. Fehlt bei Schr.
Zeile 46. III. R. a. Anf.:] [illegible] [ ]. 124. Fehlt bei Schr.
Zeile 47. III. R. a. Anf.:] [illegible] [ ] a [illegible] ša dil.– 125. Fehlt bei Schr.
Zeile 48. III. R. am Anf.:] [illegible] [ ]. 126. Schr.: dam.
Zeile 49. 127. Schr.: it-ti. 128. Fehlt bei Schr.
Zeile 51. 129. Schr.: saltar (statt sal-tar). 130. Fehlt bei Schr.
Zeile 52. III. R. a. Anf.: [illegible].– 131. Nach der zuletzt von Paul Haupt in dessen „Akkadische und Sumerische Keilschrifttexte" Hft. 2, L. 1881, S. 54 veröffentlichten akkadisch-babylonischen Monatsliste ⊕ 116 entspricht: der Monat [illegible] oder Adaru (Z. 15), d. i. Februar-März dem persischen Viyakhna; der [illegible] oder Kislimu (Z. 36), d. i. November-Dezember dem pers. Atriyâdiya; der [illegible] oder Tebêtu (Z. 46), d. i. Dezember-Januar dem pers. Anâmaka oder „Schaltmonat" und der [illegible] oder Âru (Z. 56), d. i. April-Mai dem pers. Thuravâhara. Ist nun die Notiz Bezzenberger's (in den „Göttinger Nachrichten", 1878, S. 259), welcher den pers. Garmapada als „Frühlings-Anfang" auffasst, richtig (s. dagegen Oppert, „le peuple et la langue des Mèdes" Paris 1879, S. 166) – so bleibt für diesen kein anderer babylonischer Monat, als der [illegible] oder Nisânu übrig. Ferner erhalten wir un-

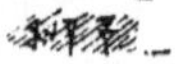

ter Berücksichtigung der Angaben des Herodot und des Ktesias (vgl. Bezzenberger a. a. O.) für den Bâgayadi das Aequivalent [cuneiform] oder Arahšamna. Ich möchte daher die Corruptel [cuneiform] (III. R.) nicht mit Oppert, E. M. S. 225 in [cuneiform], sondern vermutungsweise in [cuneiform] verbessern, wodurch sich die Gleichung: Tišritu = Thâigarci ergäbe.

Zeile 53. III. R. am Anfang: [cuneiform].

Zeile 55. 132. Schr: saniti (statt sa-ni-ti).

Zeile 56. 133. Schr: I; III. R. ist aber noch ein Keil zu sehen.

Zeile 57. III. R. a. Anf: a-na ana-ki [cuneiform] ẓa ana ki [cuneiform]. 134. Schr: ana (statt a-na). – 135. Schr: ru.

Zeile 58. III. R. a. Anf: [cuneiform] ki ša. 136. Schr: ṣam; 137. Schr: ri. 138. Fehlt nichts.

Zeile 59. III. R. a. Anf. ki-at-tu. 139. Schr: TA.

Zeile 60. III. R. a. A: ša a šu [cuneiform] me ri a uš mu bab i. 140. Schr: su.

Zeile 61. III. R. a. A: a a ku a [cuneiform] ma [cuneiform]. 141. Schr: Ki.

Zeile 62. III. R. a. A: ki ma ša ša [cuneiform]. 142. Schr: takh, Reminiscenz an Rawl: [(* takh)]? 143. Schr: ṣam.

Zeile 63. III. R. a. A: [cuneiform] ana na ti. 144. Schr: nu.

Zeile 64. III. R. a. A: ke [ ] [cuneiform]. 145. In III. R: iẓ [cuneiform] iš-u; Schr: [iḳ-bu]; 146. Hier setzt Schr. noch a ein.

Zeile 65. 147. Schr: ṣam.

Zeile 66. III. R. am Anf: ki iẓ šu iẓ. 148. Schr: ili. – 149. Schr: ti. –

Zeile 67. 150. Schr: LX, 151. Schr: LXXX.

Zeile 68. 152. Hier hat Schr. das Wort mat gegen seine Gewohnheit in den Text aufgenommen; 153. Schr: taK. 154. Fehlt nichts.

Zeile 69. III. R. a. Anf: ša šu.

Zeile 70. 155. Der abgebrochene Teil der Zeile ist hier von Schr. nicht gekennzeichnet. 156. [cuneiform] ist offenbar zu streichen; fehlt auch bei Schr. 157. Schr: LX.

Zeile 71. III. R. a. Anf: ina ú ma. 158. So schreibe ich mit Schr; vgl. auch Ca, 10; Cb, 18. 159. Fehlt bei Schr. 160. Schr: bar (statt bu-ar). 161. So vermute ich; Schr: ina ......

Zeile 72. III. R. am Anfang: ši ... a mā ... 162. Nach ad scheint etwas verwischt zu sein; Schr: u Ma-da-ai.

Zeile 74. III. R. a. Anf: na ... u šid. 163. Schr: sam.

Zeile 75. III. R. a. A: ... 164. Schr: šiši.

Zeile 76. 165. Schr: sam. 166. Schr: uKum (statt u-Kum). 166bis. Fehlt bei Schr.

Zeile 77. 167. Fehlt bei Schr.

Zeile 78. 168. Fehlt bei Schr; am Anfang ergänzt er -na zu i]-na.

Zeile 79. III. R. a. Anf: šu ... un ... a mat um-ma

Zeile 80. 169. Schr: sam.

Zeile 81. III. R. a. Anf: ma-ti-tu ... 170. Schr: ma-az. 171. Schr: sam. - 172. Der von hier ab nach unten bis zum Schlusse der Inschrift sich erstreckende Riß im Felsen war sicher schon vor ihrer Abfassung vorhanden und hat für die Textesherstellung deshalb nichts zu bedeuten.

Zeile 82. 173. Schr: lib-[bi] su-[u].

Zeile 83. III. R. am Anfang: ša um-li id. 174. So ergänze ich; Schr: us-sab-bit. 175. Schr: sun.

Zeile 84. 176. Schr: ʾili.

Zeile 85. III. R. am Anf: iz-ku-ra ... 177. Fehlt nichts.

Zeile 86. III. R. am Anf: ša ... nu ... šu-nu. - 178. Schr: far (Druckfehler statt par). 179. Schr: lak.

Zeile 87. 180. Fehlt bei Schr. 181. III. R: id-duk-nu ... Schr: id-duk-[šu]-nu-va. 182. Sic!.

Zeile 88. III. R. am Anf: ša ... 183. Schr: ni-ʾi-mi.

Zeile 89. 184. Schr: a-na (statt ana).

Zeile 90. III. R. a. Anf:] zi [ ].

Zeile 91. 185. Das Zeichen , neubabyl.  (oder  Zeile 66) hat neben den Lautwerten tim und ti (vgl. Lotz, a. a. O. S. 140, auch Asurban. R^M. I, 87 und K. 256, obv. 22(?)) auch den Wert tin, den ich zum Unterschiede von [illegible] tin durch tin bezeichne. Die Zahl der bekannten Sylbenzeichen, die neben einem auf m einen auf n auslautenden Wert haben, wie für rin, rim; Kun, Kum; nan, nam u.s.w. läßt sich, wie ich bei der nächsten Gelegenheit zeigen werde, bedeutend vermehren; Schr: tak.

Zeile 92. III. R. am Anfang: ir 186. Schr: tak.

Zeile 93. 187. Schr: tak.

Zeile 94. III. R. a. A:][illegible][ ][illegible][ ]ša. 188. Schr: tak.

Zeile 95. III. R. a. A: ri ip ša 189. So conjicire ich mit Schr; 190. Schr: i. 191. So vermute ich; Schr: [Ku]. 192. Fehlt nichts. 193. Schr: bil.

Zeile 96. III. R. a. A:] bat [ ][illegible] ma.

Zeile 97. III. R. a. A:] za [illegible][ ][illegible] ma [ ][illegible][ ][illegible] at. 194. Fehlt nichts. 195. Fehlt nichts; Schr: ?.

Zeile 98. III. R. a. A:] Ku [illegible][ ][illegible] ku [ ] ša [illegible][ ][illegible][ ]. 196. Fehlt bei Schr. 197. Schr: sat.

Zeile 99. III. R. a. A:] a a at [ ] ša [illegible] si pa [ ][illegible] mu par na.

Zeile 100. III. R. a. A:] še [ ][illegible] ma [illegible][ ] šu at. 198. Schr: di. 199. So vermutet Schr.

Zeile 101. III. R. a. A:] an pa ma a. 200. Schr: dip.

Zeile 102. III. R. a. A: Ku na da Ka pa šo it. 201. So vermute ich; Schr: ti-[Ka]. 202. So ist vielleicht zu lesen; Schr: dip. 203. So Schr.

Zeile 103. III. R. a. A: ša mu an du. 204. Schr: sam. 205. Fehlt bei Schr.

Zeile 104. Die Zeilenanfänge sind von hier ab völlig unleserlich; ich verweise auf die Wiedergabe von Smith in III. R. 206. Rest unverständlich.

Zeile 105. 207. Fehlt nichts. 208. Schr. bil 209. III. R. ud. iš (Schr: [-Ka]). a. ni.

Zeile 107. 210. Vor ilu hat III R. da, Schr: u

Zeile 109. 211. Schr: bil.

Zeile 110. 212. Schr: is (was [illegible] wäre). 213. Fehlt bei Schr. 214. Schr. zwischen ta u. na: an.

Zeile 111. 215. Schr: ma; S. 357, l. 3 muß auf einem Irrtum beruhen.

Zeile 112. 216. Der Rest ist unverständlich; III. R. su. par. u (fehlt bei Schr.) di it.

B. Anmerkungen zu den kleineren Achämenideninschriften.

Die Transscription der kleineren Inschriften enthält von der vorhergehenden der Behistûn-Inschrift einige Verschiedenheiten. Während bei der letzteren wegen der der Übersetzung beigegebenen, vorausgeschickten „zusammenhängenden Transscription" lediglich auf die genaue Wiedergabe des Textes im Inschriftenwerk gesehen wurde, mussten hier einige das Verständnis und die Zusammengehörigkeit der einzelnen Worte und Sätze erleichternde Winke und Zeichen angebracht werden. Dieselben dürften sich vielleicht auch späterhin bei der Herausgabe von transscribirten Texten, in welchen eine Abteilung der einzelnen Zeichen (wegen Varianten, textkritischer Bemerkungen u. s. f.) unvermeidlich ist, empfehlen. Die Eigennamen sind durch grosse Anfangsbuchstaben ausgezeichnet, grössere Perioden durch Punkte von einander getrennt. Sämmtliche als Determinativa gebrauchte Wörter und Zeichen sind durch kleinere (Cursiv-) Schrift kenntlich gemacht. Zudem sind die Ideogramme in der den Sprachgesetzen entsprechenden Form (mit Bezeichnung der Vocallängen u. s. w.), bei folgendem phonetischem Complement mit Ausschluss des Letzteren (das so selbst das betr. Wort vervollständigt,) transscribirt worden. – Die Zeilenabteilung ist die durch die früheren Editionen üblich gewordene; für die Inschrift **K** vgl. Anmerk. 179.

Ad I. 1. Fehlt bei Saulcy.

Ad II. 2. Geschrieben: ⟨⟨. – 3. Fehlt bei Grotef.

Ad II bis. 4. Geschrieben: . — 5. apil — Uš-ta- ergänze ich mit Ménant.

Ad III. 6. Hier hat Slc. (1849) noch ein a. — 7. Schr. hier und an den folgenden Stellen: Ki; Slc:  8. Bei Slc. (1849) geschrieb: . 9. So bezeichne ich  im Gegensatze zu  (aplu, apil verhält sich, wie ich glaube, zu ibila, wie apsû zu abzu, palû zu bala u. s. f.). — 10. Hier und in Nr. 5 einfach 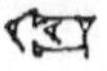 geschrieben. — 11. Schr: bil (statt bíl). — 12. Fehlt bei Schr. — 13. Geschrieben: 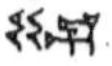. — 14. Geschrieben: , welches neben dan, tan vielleicht auch die Werte dam, tam und da hatte (vgl. für dam, tam die Anmm. zur Beh.-Ins. Nr. 185 und etwa III. R. 4, Nr. 1, 17; 64, 1a). 15. Slc. fälschlich: . — 16. Fehlt bei Schr.

Ad III. 17. Das erste  ist verwischt. — 18. Schr: Ka; zum Lautwert dûn vgl. Ca, 2; Cb, 4 und Lotz a. a. O. S. 94, oder aber die Anmerkk. zur Beh.-Ins. Nr. 185. — 19. Slc: a-. — 20. Fehlt bei Westergaard; bei Slc. ist eine Lücke angedeutet. 21 Geschrieben:  šàr šàr. — 22. Fehlt bei Westerg. und Slc. — 23. Geschrieben: šàr; bei Slc. dagegen: šàr šàr. 24. Geschrieben: . 25. Slc: . — 26. Geschrieben: . — 27. Hier setzen Opp. und Schr. ša ein, welches aber bei Westerg. und Slc. fehlt. — 28. Statt muh-hi hat Schr: ili. 29. Geschrieben mit dem Zeichen für ag. — 30. Bei Westerg. und Slc: . — 31. Westerg. und Slc: 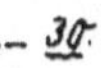; Opp: uš; nach Rawl: ; Schr: schaltet nach ab noch bu ein. — 32. So Opp. und Schr, Westerg: ; Slc: zu mit Fragezeichen. — 33 Schr. statt ma-' nur: mu. 34. Slc: Gu-da-ri-'. — 35. Nach mât bieten die ersten Abzeichnungen eine schraffirte Stelle; es ist aber wol nichts zu ergänzen. 36. Westerg: , vgl. aber die Anmm. zur Beh.-Ins. Nr. 17. 37. So bietet der Text; Ménant in seiner Schrift „Les Achéménides" S. 97, Anm. 4:

„Gimirri ša Karbalti suni rapa; comparez Herod. VII § 64"; Oppert, „Mèdes" p. 209: „sa Karbalsutisunu rappa dont les Kyrbasis sont pointus'"; Spiegel, a. a. O. S. 55: „(die Sakas) Tigrakhauda".

38. Steht bei Westerg., fehlt aber bei Opp. und Schr. – 39. Schr. statt Ku-du: Ka-da. – 40. Conjectur Opperts; Schr.: na, vgl. ABK, S. 360, Anm. 1. Friedrich Delitzsch hält das Wort für einen Plural (also mâgidûta neben tabbanûtu, šamûtu; zûnûti, wie die Femininendung -âta neben -âtu, -âti ?). Gemeint ist vielleicht der κρωβύλος der Classiker (vgl. Thuk. I, 6). 41 Geschrieben: 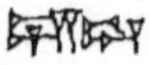. 42. Schr.: Kar. – 43. Nach šarru hat Westerg. noch: . 44. Fehlt bei Schr. – 45 Geschrieben: . – 46. Slc: na. – 47. Schr.: statt ha-meš: hi. – 48. So Westerg.: (); Opp. und Schr.: su. – 49. So Opp. (); West: . 50. Fehlt bei Schr. – 51. Die ganze Stelle von u bis Zeile 24: -ši-nâtu hat Schr. in der Transscription ausgelassen. 52. Westerg.: ; Opp.: ba. – 53. Schr.: ideogrammatisch: iris; vgl. ABK, S. 360, A. 4. – 54. Geschrieben: . – 55. Opp. (a. a. O. S. 182) conjiciert il; Westerg.: 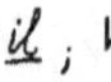. 56. Das Ideogramm  ist wahrscheinlich nicht mit Opp. und Schr.: salmânu, sondern napharu zu lesen; vgl. Beh. 63. 83. – 57. Fox Talbot im J. R. A. S. vol. XIX: il; Schr.: mag; ebenso Zeile 29. – 58. Fehlt bei Schr. – 59. Geschrieben: 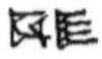 – 60. Schr.: šam. 61. So Opp.; Westerg.:  – 62. Geschrieben: . 63. Hier setzt Schr. noch a ein. – 64. Schr.: dan. – 65. Der Schluss der Zeile nach der im Texte angedeuteten Lücke heisst bei Opp.: tu an 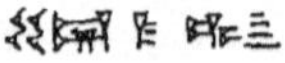 ni  ana i'a (?) na-ha-ap Ku ta-šú-tu; bei Westerg. sind die letzten vier Zeichen vor nahap: ; statt Ku hat Schr.: lu; vergl. zu der ganzen Stelle ABK, S. 361, Anm. 2. –

Ad V. 66. na ist bei Rawl. mit Fragezeichen versehen. – 67. Conjectur

Opp.'s. 68. Fehlt bei Schr. – 69. Bei Rawl. und Slc. mit Fragezeichen versehen. 70. Bei Rawl. und Slc.: [illegible] (?); fehlt bei Opp. 71. Text: [illegible], offenbar identisch mit [illegible] (NR, 19) was Opp. maš liest, Schr.: maš.

Ad VI. 72. Die Zeilenabteilung nach Westerg. und Slc. – 73. Geschrieben: [illegible]. 74. Nieb: [illegible]. – 75. Geschrieben: [illegible].

Ad VII. 76. Geschrieben: [illegible]. 77. Im Text steht amîl [illegible], welches hier offenbar die allgemeine Bedeutung amêlu hat; so vermutet auch Schr.: nisi (ebenso Zeile 2). – 78. Geschrieben [illegible]. – 79. Im Text: [illegible] (was us wäre). – 80. Geschrieben: [illegible]. – 81. Geschrieben: [illegible]. 82. Geschrieben: [illegible]. 83. Schon Schr. vermutet richtig: mu-te, Coste und Flandin: [illegible] [illegible]; Schulz [illegible]. 84. Geschrieben: [illegible]. 85. Geschrieb.: [illegible]. 86. Geschr.: [illegible]. – 87. Coste und Fl. [illegible]; Texier: [illegible]; Schulz: [illegible]. – 88. Ges.: [illegible].

Ad VIII. 89. Bei Slc: [illegible]. – 90. Slc: [illegible]. 91. Westerg: [illegible]. – 92. Das erste a fehlt bei Opp., das zweite fehlt bei Opp., Westerg. und Schr., wird aber durch Slc.'s Copie: [illegible] gefordert; der Schluß der Zeile ist von Westerg. ergänzt; bei Slc.: ..... [illegible].

Ad IX. 93. Westerg: [illegible]; Opp.: [illegible]. – 94. Nieb: [illegible]. 95. Opp.: u (statt ú). – 96. Geschrieben: [illegible]; Schr.: nisi. 97. Schr.: dunka. 98. Nach ma steht bei Opp. ana, welches aber bei Nieb., Westerg. und Slc. fehlt; vgl. Schr., ABK, S. 362, Anm. 1. 99. Geschr.: [illegible]; ebenso Zeile 7. – 100. Nieb: [illegible]; Westerg. und Slc. nur [illegible]. – 101. Fehlt bei Opp. – 102. Nieb. und Slc.: [illegible]. – 103. Geschr.: [illegible]; ebenso Zeile 15. 104. Geschrieben: [illegible] (Nieb.) und [illegible] (Westerg. und Slc.). – 105. Bei Westerg. und Slc.: [illegible]. 106. Nieb: [illegible]; Schr.: ni. – 107. Von Westerg. ist ša a- ergänzt; vgl. Slc. – 108. Der Schluß der Zeilen ist von Westerg. ergänzt; das Original bietet nach Slc. (ähnlich Nieb.): Zeile 22: ša in Ú...... da; 23: in Ú-ru-ma-[illegible]; 24 (Slc): a-na ša....

[cuneiform] ..... a [cuneiform]; das letzte Zeichen bei Nieb: [cuneiform]; bei Westerg: [cuneiform]; bei Opp: [cuneiform]; bei Schr: bil.

Ad X. 109. Die Zeilenabteilung nach Westerg. und Slc. – 110. Bei Ménant „gr. ass." S. 298 fehlt der Hauchlaut. – 111. Bei Nieb. steht nach [cuneiform] noch: [cuneiform]; Rich dagegen: [cuneiform] 112. Dieses a findet sich bei Nieb., Rich., Westerg. und Slc., fehlt aber bei Mén. in beiden Ausgaben; Schr: Da-ri-ya-vus. – 113. Slc. gibt an: „Ou dans une variante: m A-ha-ma-an-ni-is-si." –

Ad XI. 114. Bei Westerg. und Slc: [cuneiform] geschrieben. – 115. Schr: dunKa, Slc. schreibt statt Ki jedes Mal [cuneiform]. – 116. Geschr: [cuneiform]. 117. Bei Westerg. und Slc: [cuneiform]. – 118. Hier hat Westerg. fein punktirt [cuneiform], daher Slc. und Opp: pl, Schr: -âti. – 119. So deutlich Westerg. und Slc; bei Opp. und Schr. fehlt das a. 120. So Schr. und Opp ([cuneiform]); Westerg: „[cuneiform] or perhaps [cuneiform]." Slc: [cuneiform]. – 121 Das Hauchlautzeichen fehlt bei Schr; statt is-sa haben Westerg. und Slc: [cuneiform]. Über die Bedeutung dieses (persischen) Wortes siehe Spiegel a. a. O. S. 123 und das Glossar (S. 241). – 122. Fehlt bei Schr. – 123. Fehlt bei Slc. – 124. Bei Schr: a. – 125. [cuneiform]; vgl. NR., 30. – 126. Vgl. Schr., ABK, S. 364, Anm. 1; auch bei Slc. ist keine Lücke angedeutet. 127. Bei Slc: [cuneiform] geschrieben. – 128. Geschr: [cuneiform]. – 129. Westerg. und Slc: [cuneiform]; Opp: [cuneiform]. – 130. Westerg. und Slc: uš. –

Ad XII. 131. Schr: asibi und in der Anm. (S. 365, Anm. 1): „vgl. F, 6.8." – 132. Schr: dunKa. – 133. Geschrieben: [cuneiform]. – 134. Hier schaltet Opp: [a-na] ein; das folgende [cuneiform] (Rich, Westerg., Slc.) ist nicht i, sondern mu zu lesen. – 135. Aus Versehen nummerirt hier Slc: Zeile 6–8 (statt 5–7). – 136. [cuneiform]. 137. Slc: zi. – 138. Fehlt bei Schr. – 139. Nieb: [cuneiform]. 140. Westerg. zweimal [cuneiform], ein Fehler, den schon Slc. (S. 25) bemerkt. 141. Hier ist mit Rich und Slc. eine neue Zeile zu beginnen. – 142. Westerg: [cuneiform].

Ad XIII. 143. Diesen Relativsatz hat Schr. in der Transscription weggelassen. – 144. Geschrieben: . – 145. Zeile 4 und Z. 6: . 146. Fehlt bei Schr. 147. Schr.: Ḳa-ri-ya-u-vuš. – 148. Der Text hat hier und Cb, 18 deutlich: , also su! – 149: Geschrieben: .

Ad XIIII. 150. Diese Inschrift stimmt nach unserer Wiederherstellung des Textes genau mit der vorhergehenden überein; in den ersten Zeilen sind bei Rich Lücken, die aber schon Westerg. und Slc. richtig ausgefüllt haben. 151. Schulz: . 152. Rich:  a- ; Schulz:  a- , dagegen Westerg. und Slc: a-ga-a-ta. – 153. Geschrieben: . – 154. Geschrieben: šàr šàr; bei Schulz nur: šàr. – 155. Rich und Schulz setzen den senkrechten Keil fälschlich zweimal. – 156. Geschrieben: 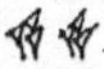. 157. Bei Rich und Westerg: ; bei Schulz: . – 158. Schr: ru. – 159. Fehlt bei Schr. – 160. Schulz: ; Westerg. und Slc: . 161. Rich: ; dagegen Schulz, Westerg. und Slc: ; ebenso Zeile 24. 162. Fehlt bei Schr. 163. Vgl. oben Anm. Nr. 148. 164. Schr: naku (statt na-Ku). 165. Rich hat hier und Zeile 25: , Westerg. und Slc: . 166. Fehlt bei Slc. – 167. Schulz:  -a-muš, ein offenbar durch die folgende Zeile veranlaßter Fehler der Copie; das zweite a in dem Namen fehlt bei Schr. – 168. Slc. hat hier noch: .

Ad XV. 169. Hier ist ebensowenig wie Zeile 16 mit Mén. und Schr. ru zu lesen; denn  oder  ist in dieser Inschrift stets ra, vgl. Zeile 17/18, während ru durch  ausgedrückt wird (z. B. Zeile 12). 170. Fehlt bei Schr.; dagegen setzen Mén. und Schr. darnach grundlos ein ta ein, welches weder Schulz noch Slc. hat. – 171. Bei Schulz und Slc. ganz unverkennbar ; Mén. und

Schr: ši ?! 172. Schr: bi.– 173. Zeile 10 und 11 hat Schulz vertauscht, was schon Slc. berichtigt. 174. So deutlich Schulz und Slc.– Der Druckfehler Ménant's: [cuneiform] („Gramm." S. 303) hat auch in der neuen Ausgabe seinen Platz behauptet. 175. Nur mit einem [cuneiform] geschrieben.– 176. Schulz: [cuneiform], aber schon Texier: [cuneiform]. 177. Geschrieben: [cuneiform].– 178. Diese Zeile schreibt Schulz: [cuneiform], den Schluß: -ni-iš-ši-? haben auch Coste und Flandin.

Ad XVI. 179. Die römischen Ziffern und die eingehaltene Zeilenabteilung bezieht sich auf Opperts Edition, die eingeklammerten arabischen Ziffern auf die von Schulz und Slc. beobachtete Zeilenordnung, wir citiren nach unserer Nummerirung in der Übersetzung.– 180. Schr: dunka. 181. –na amēlūti ist bei Schulz und Slc. unleserlich. 182. Fehlt bei Schr. 183. Geschrieben: šar šar. 184. Statt ha-ar bieten Schulz und Slc: [cuneiform]. 185. Geschrieben: [cuneiform]. 186. Hier hat Slc. ši. 187. Schulz: šar. šar; Slc. und Opp: šar. 188. [cuneiform] 189. šar nap- haben deutlich Schulz und Slc., Opp: sa na-ap! 190. Fehlt bei Schulz und Slc.; es scheint kein Pluralzeichen nach nu ergänzt werden zu müssen, wie Opp. und Schr. (S. 367, A. 2) wollen. 191. Bei Schulz: [cuneiform]; Slc. [cuneiform]; vgl. F, 20.– 192. Fehlt bei Opp. und Schr. 193. ša šū-ú hat deutlich Schulz; daraus wird bei Slc: a-šū-ú und bei Opp. und Schr: a-ga-šū-ú! 194. Das a ist fraglich; Schulz und Slc. nur [cuneiform]. 195. Hier setzt Opp. noch ina ein. 196. Conjectur Opp.'s. 197. Schulz: [cuneiform]; Slc: [cuneiform]; Opp: [cuneiform] (Schr: lim) – šu ū [cuneiform] (vgl. Schrad. a.a. O. S. 368, Anm. 1); ū wird allerdings [cuneiform] oder [cuneiform] geschrieben.– 198. ri ist von Opp. ergänzt, darauf folgt bei Schulz u. Slc: [cuneiform], bei Opp. u. Schr: [cuneiform] (also vielleicht pānašu seine Façade?). 199. Bei Schulz u. Slc: [cuneiform].

Ad XVII. 200. Geschrieben: šar šar. 201. Geschrieben: [cuneiform]. 202. Opp. hat [cuneiform], transscribirt aber gab, also muss ein Druckfehler vorliegen. 203. Fehlt bei Opp.; ich vermute indessen, dass der Keil im Original steht. 204. Sollte hier wirklich das a, welches Opp. nicht hat, auch im Original fehlen? 205. Geschrieben: [cuneiform].–

Ad XVIII. 206. Hier schalten Opp. und Schr: ša ein, siehe aber S. 11!

Ad XIX. 207. Ich teile hier die im Ganzen trefflichen Ergänzungen Saulcy's unverändert mit. 208. Hier fehlt wol [cuneiform], s. Zeile 7. 209. Geschrieben: šar šar.– 210. Geschrieben: [cuneiform]; bei Löwenst. fehlt das zweite [cuneiform]. 211. Var: apil.– 212. Hier steht in der Copie noch: [cuneiform].–

Ad XX. ————.

ANHANG.

KEILSCHRIFTTEXTE

DER

KLEINEREN ACHÄMENIDENINSCHRIFTEN

AUTOGRAPHIRT

VON

PAUL HAUPT.

Keilschrifttexte
der kleineren Achämenideninschriften.

Autographirt von

Paul Haupt.

I.

<u>Cyrusinschrift.</u>

Nach <u>Baick's</u> lithograph. Ausgabe.

II.

<u>Siegelinschrift.</u>

Nach <u>Grotefend</u>'s Ausgabe.

II bis.

<u>Inschrift von Kerman.</u>

Nach <u>Gobineau's</u> Edition (Typen).

III.

Die kleineren Inschriften von Behistûn.

Nach meiner am 30. Mai 1882 angefertigten Copie der in London befindlichen Papierabklatsche. Höhe der Zeilen ca. 4 cm.

Nr. 1.

(40,5 cm lang).

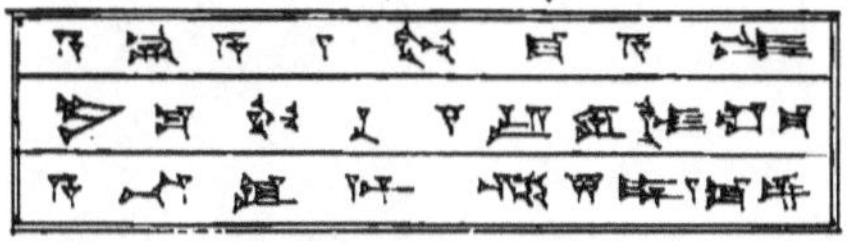

Das Ende dieser Zeilen ist sehr eng geschrieben.

Nr. 2.

(28 cm lang).

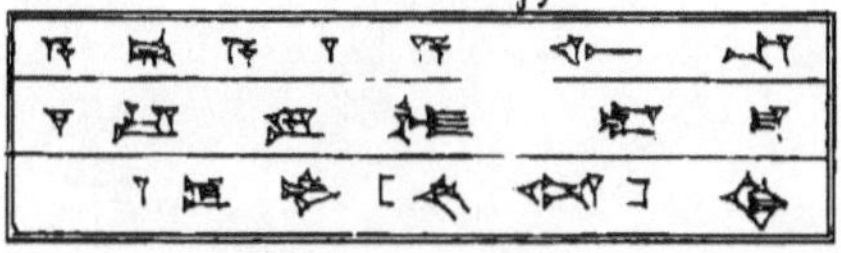

Nr. 3.

(32,5 cm lang).

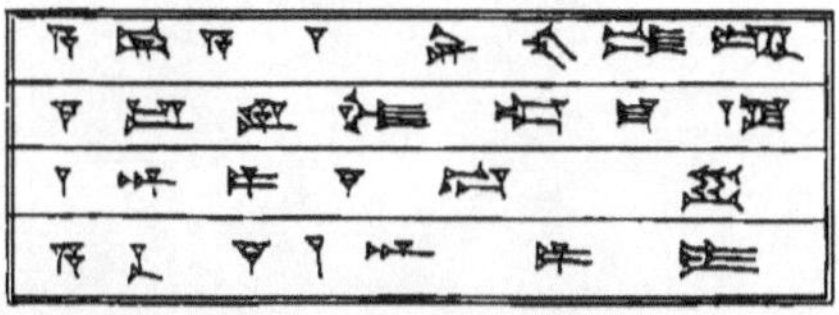

Nr. 4.

(35 cm lang).

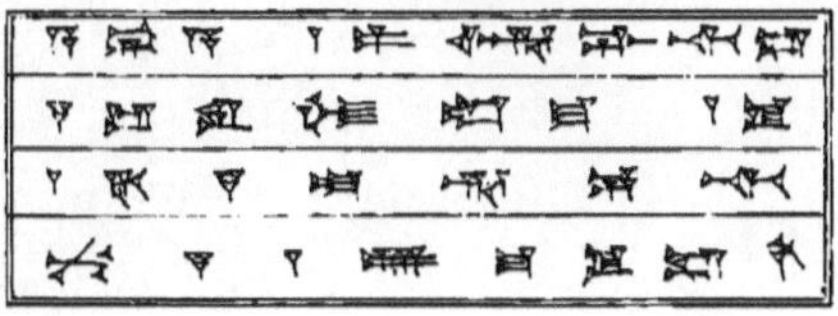

Nr. 5.

(38 cm lang)

Nr. 6.

(37 cm lang).

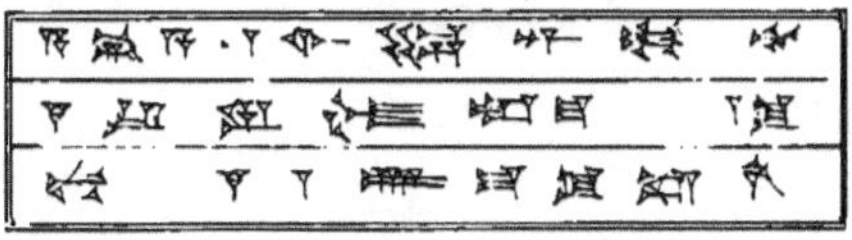

Nr. 7.

(36 cm lang).

Nr. 8.

(38 cm lang).

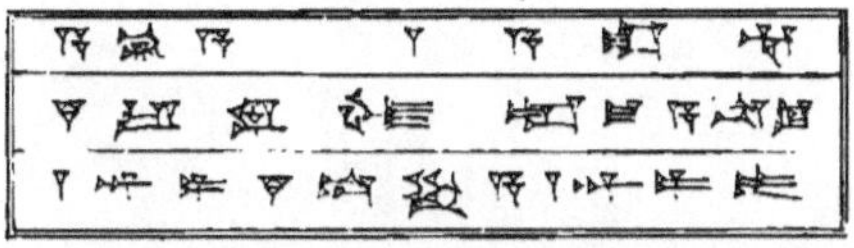

Nr. 9.

39 cm lang).

IV.

Die grosse Naqs-i-Rustam-Inschrift.

Nach Westergaard's lithogr. Ausgabe.

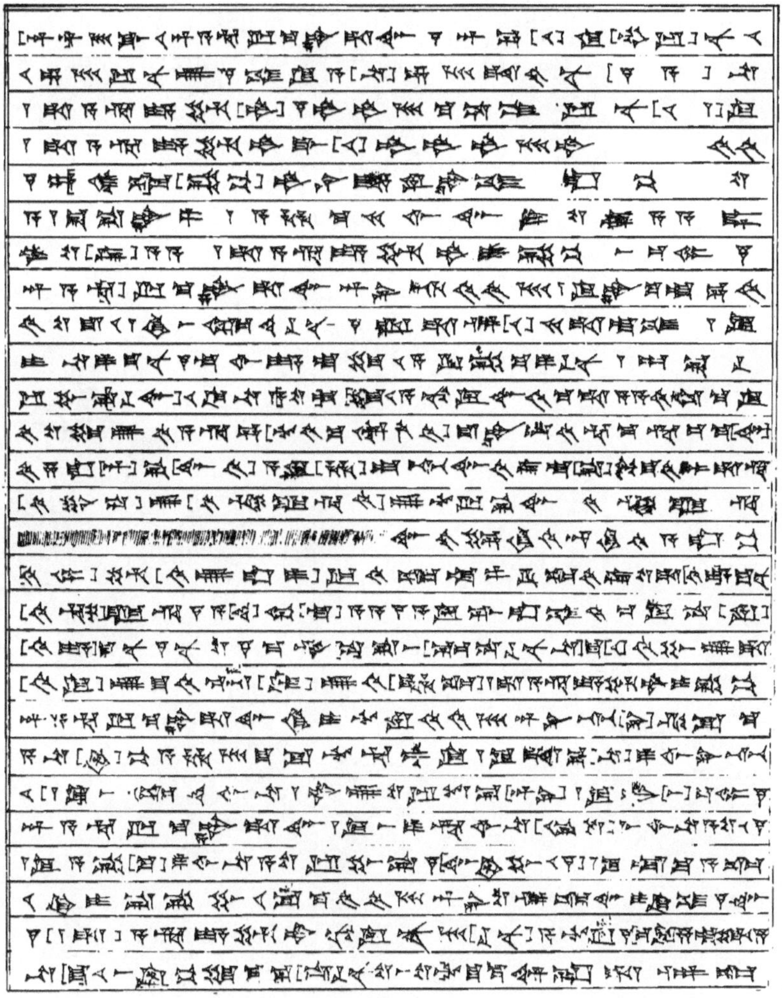

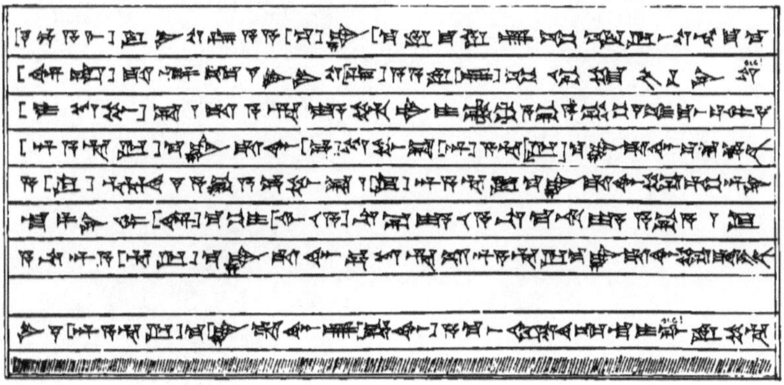

V.

Die kleineren Inschriften von Naqš-i-Rustam.

nach Rawlinsons Ausgabe (Typen).

Nr. 1.

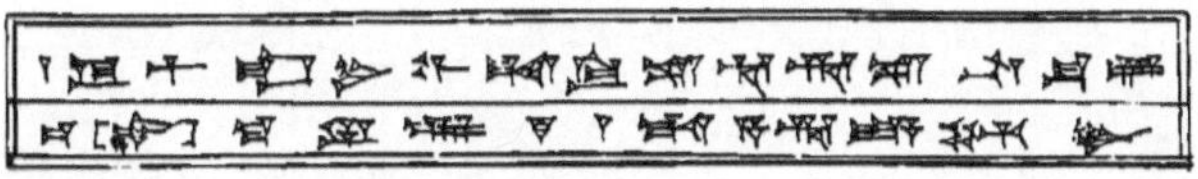

Nr. 2.

Nr. 3.

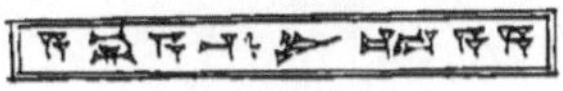

VI.

Persepolis-Inschrift B.

Nach Niebuhr's lithograph. Ausgabe.

VIII.

Fensterinschrift.

Nach Westergaards Ausgabe.

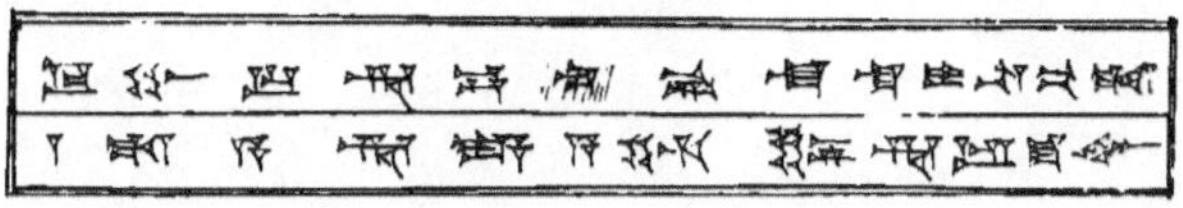

X.

Persepolis-Inschrift G.

Nach Niebuhrs Ausgabe.

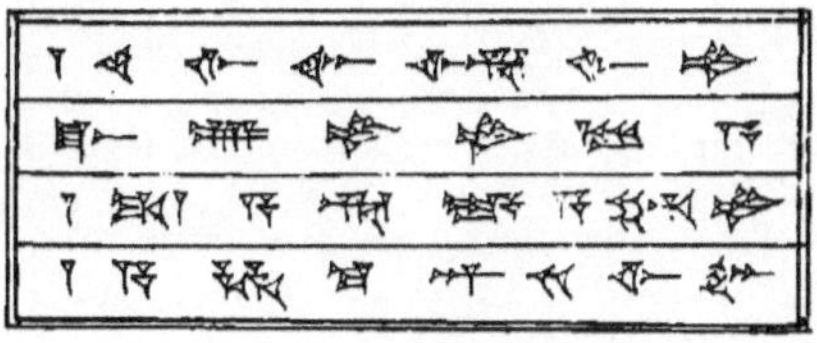

VII.

Inschrift von Hamadan.

Nach meiner am 26. April 1882 angefertigten Copie des in London befindlichen Papierabklatsches. Länge 70 cm, Zeichenhöhe 10 cm. Der Abklatsch besteht aus fünf Stücken zu je 4 Zeilen.

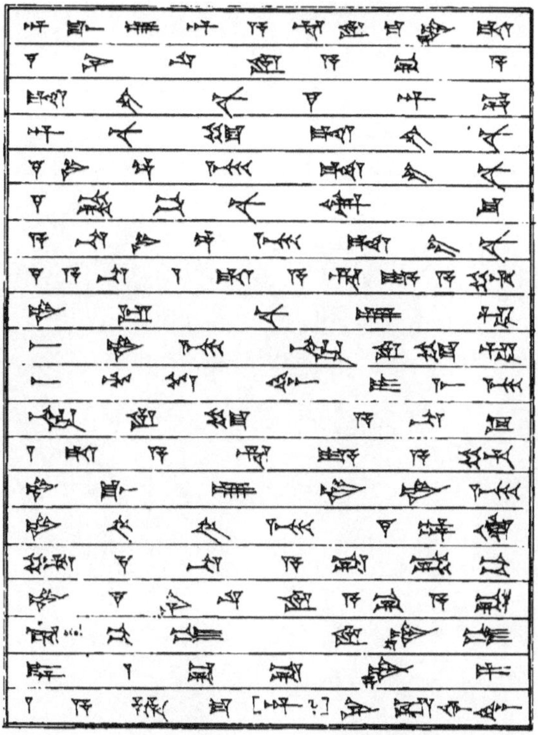

IX.

Persepolis-Inschrift H.

nach Niebuhrs lithograph. Ausgabe

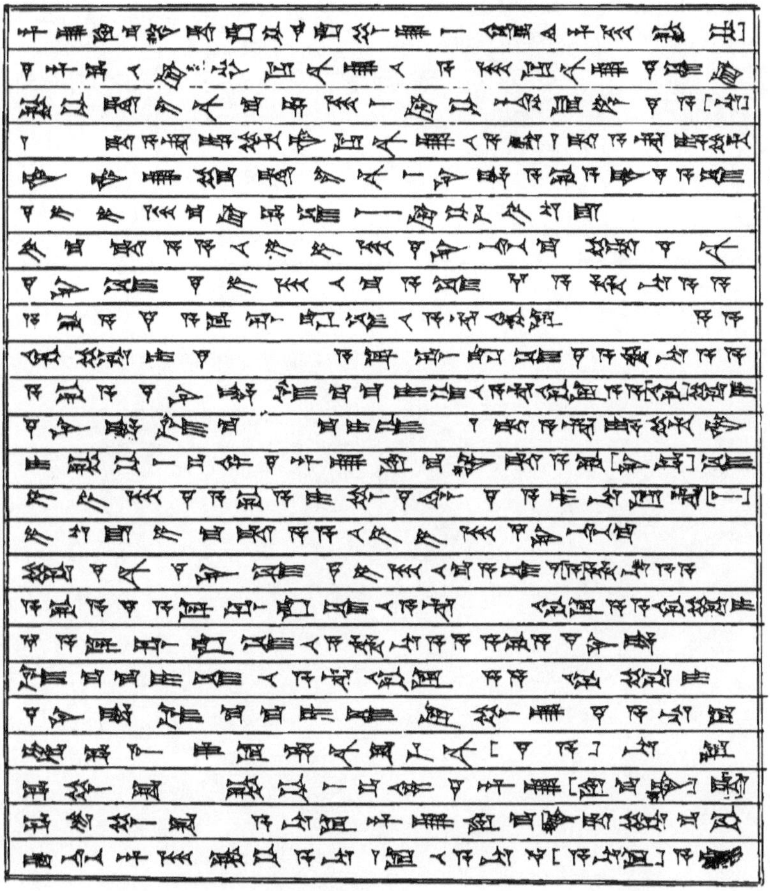

XI.

Xerxes-Inschrift D.

Nach Westergaards Lithographie.

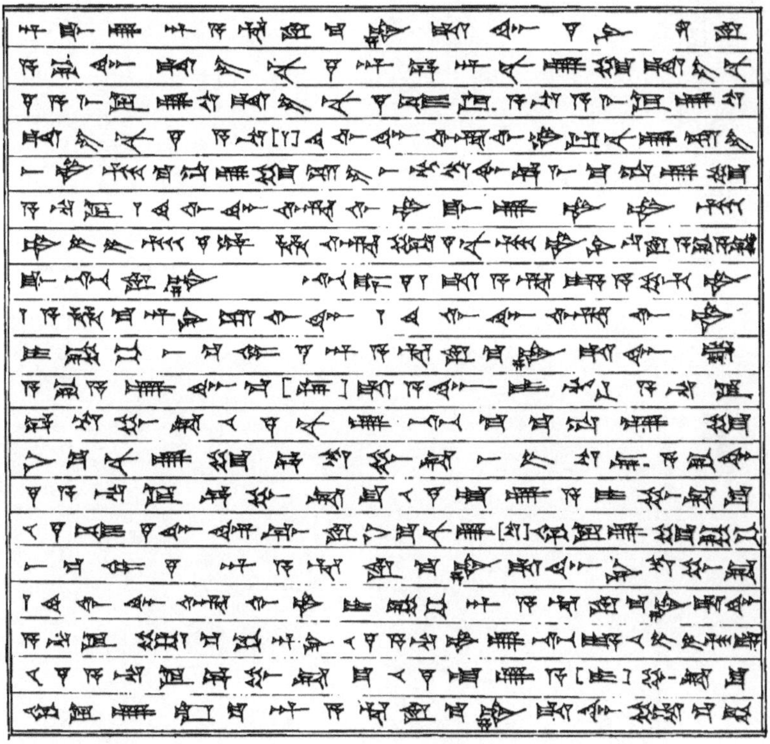

XII.

Xerxes-Inschrift E.

Nach der Photographie in Stolze's „Persepolis", Blatt 23 und Rich's Ausgabe. In letzterer ist der Text auf nur 11 Zeilen vertheilt.

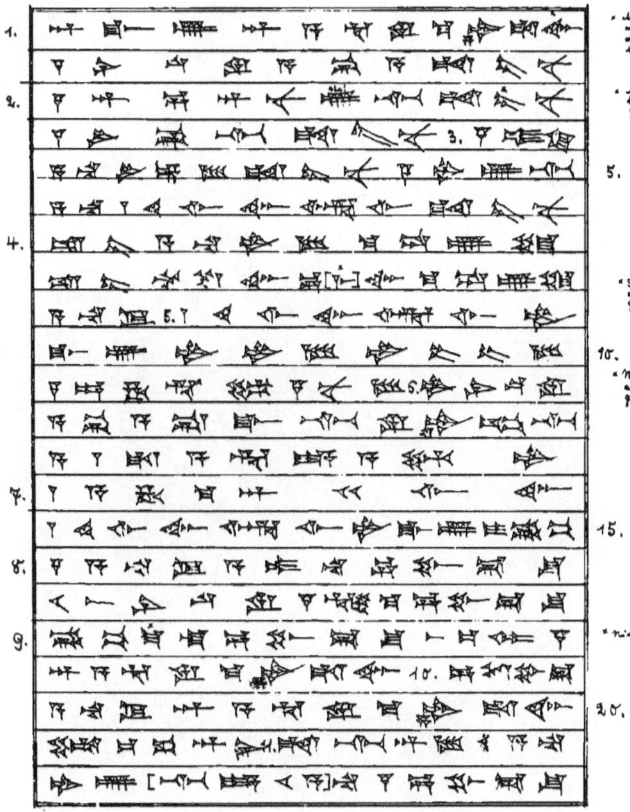

* Auf der Photogr. nicht mehr deutlich zu sehen.

* Auf der Photogr. kaum zu erkennen.

* Steht nicht auf der Photographie!

* Nap.-hu-ri auf der Photogr. ganz klar.

* nicht [cuneiform sign]!

XIII.

Persepolis-Inschrift Ca.

Nach der Photographie in Stolze's „Persepolis", Blatt 46 und Rich's Ausgabe.

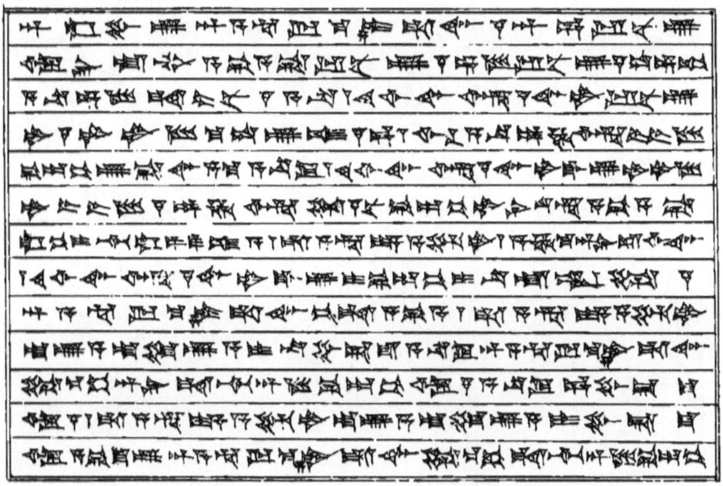

XIV.

Persepolis-Inschrift Ca

Nach der Photographie in Stolze's „Persepolis", Blatt 45 und d. Rich's Ausgabe.

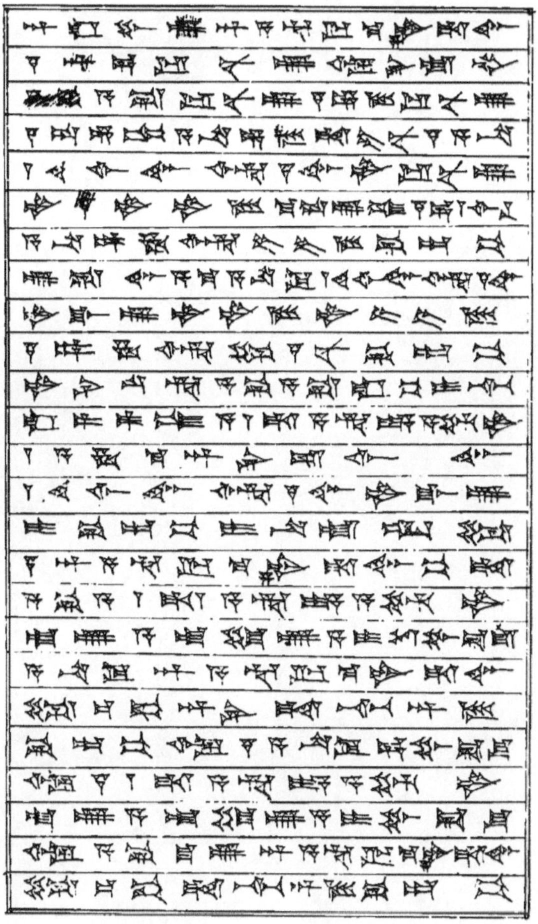

× Nicht, !

XI.

Inschrift von Elvend.

Nach meiner am 25. April 1882 angefertigten Copie des in London befindlichen Papierabklatsches. Derselbe ist 67 cm lang und besteht aus fünf Stücken zu je vier Zeilen. Die Keilschrift-Zeichen darauf sind 9,5 cm hoch.

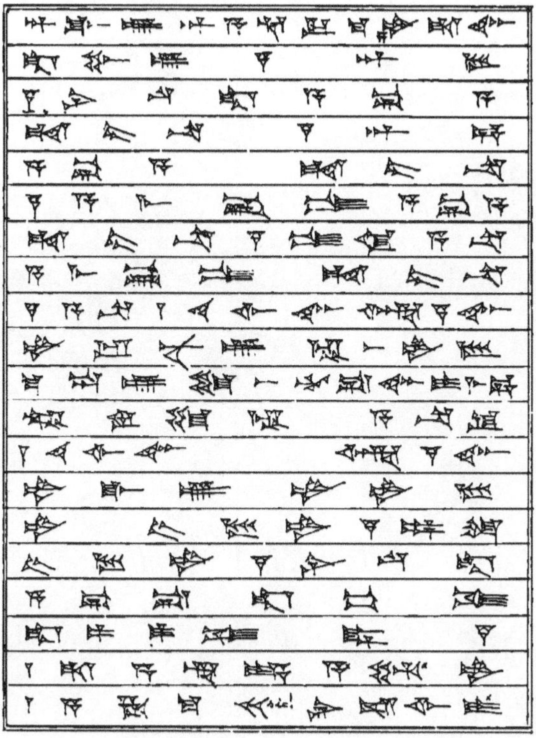

* So steht deutlich auf dem Papierabklatsche.

XVI.

Xerxes-Inschrift von Wan.

nach Schulz's lithographirter Ausgabe.

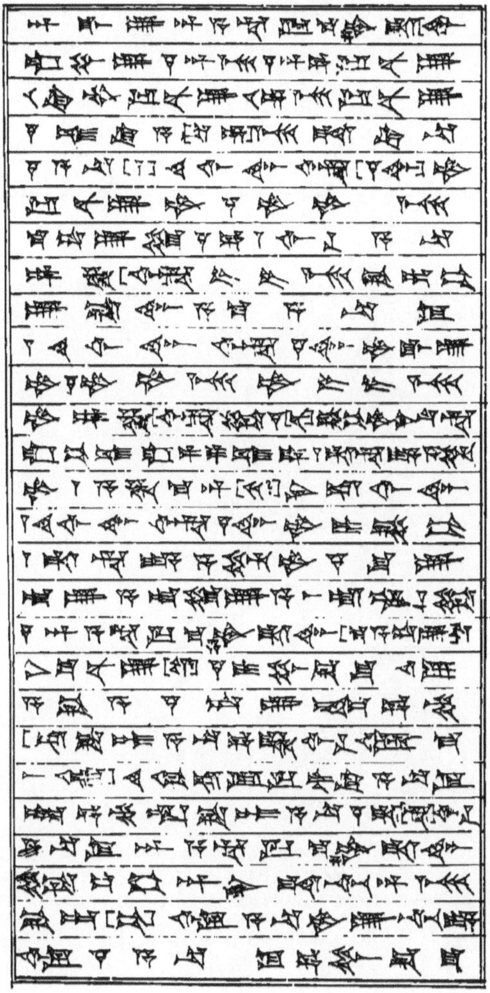

XVII.

Inschrift des Artaxerxes Mnemon.

Nach Oppert, E. M. II, 194.

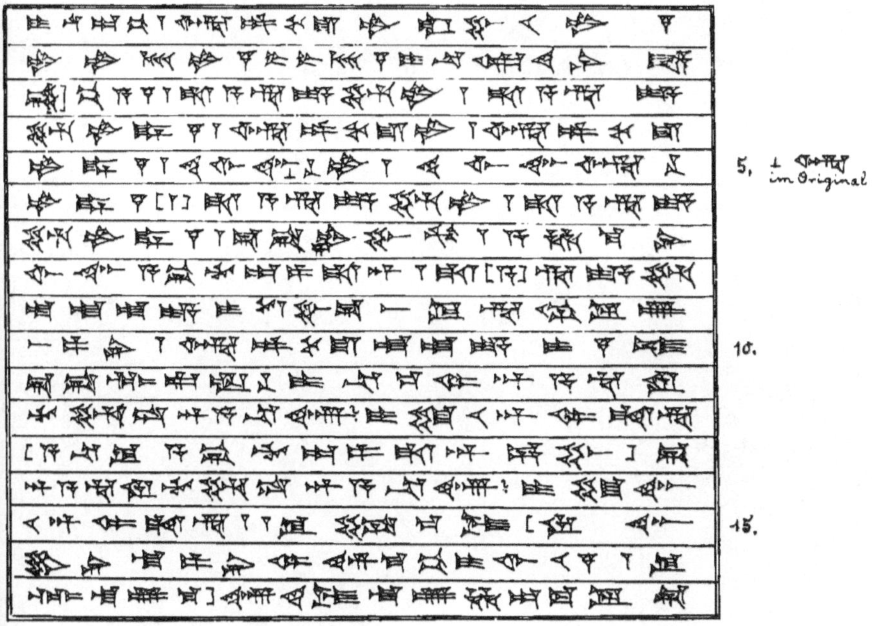

XVIII.

Fragment Sb.

Nach Oppert, J. A. 1855, S. 400.

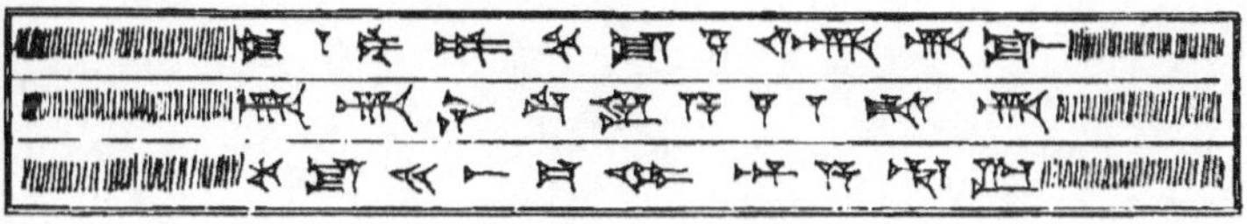

XIX.

Inschrift Artaxerxes' I.

Nach Löwenstern's lithographirter Edition. Mit Vergleichung der Photographie in Stolze's „Persepolis", S. 65.

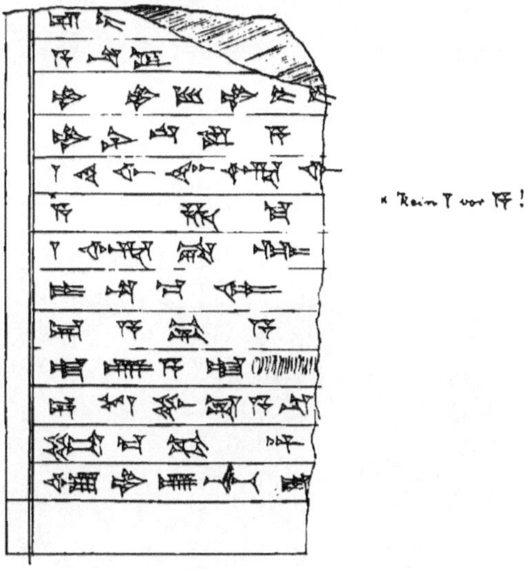

XX.

Venediger Inschrift.

Nach Saulcy's autographirter Ausgabe. Denselben Text bietet Longpérier in der „Revue Archéologique" 1844, S. 446.

www.ingramcontent.com/pod-product-compliance
Lightning Source LLC
Chambersburg PA
CBHW020115170426
43199CB00009B/537